100年後も伝えたい

伝統折り紙

・・・

お茶の水 おりがみ会館館長

小林一夫

日東書院

はじめに

　折り方は知らなくても、折り紙の「鶴」を知らない人はいないのではないでしょうか。しかしこれほど有名な作品なのに、いつ、誰が折りはじめたのかはわかっていません。その他に「伝承折り紙」と言われる、かぶと、風船、手裏剣なども同じです。

　そもそも、折り紙の歴史もはっきりしていません。紙が作られた当初は、神聖さや清浄さを象徴するものとして神様への捧げものを包むのに使われ、鎌倉時代に武士の礼法が確立するなかで、贈り物を和紙で包む「折形」が生まれました。薄くすかれる日本の和紙だからこそ生まれた工夫でしょう。折形は室町時代には何十種類とあったという記録が残っています。

　江戸時代になって紙が一般にも普及しはじめると、庶民も「折形」を真似して物を包むようになり、次第に遊びとしての「折り紙」が広まっていったと考えられています。1797年に49種類の連鶴の折り方を紹介した『秘伝千羽鶴折形』が、世界最古の折り方を記した本と言われます。

　明治時代に学校教育が始まると、ドイツの教育学者フレーベルの考えが取り入れられ、折り紙は保育に欠かせないものとなりました。今、私たちが「伝承折り紙」として折っている作品の多くは、明治時代以降に考え出されたものです。そして今や折り紙は「origami」として世界に広がっただけでなく、アートの域に達した複雑な折り紙が生まれたり、認知症予防やリハビリテーションなど医療・介護の分野に取り入れられたり、図形認識力や数学的思考力が発達するとして教育の分野でも見直されるなど、折り紙の新たな可能性が広がっているのは嬉しい限りです。

　折り紙がこれほど長く、広く愛されてきたのは、作品を折る楽しさに加えて、人に伝える楽しさ、喜んでもらえる嬉しさ……そうしたさまざまな喜びがあるところではないでしょうか。

また、自分で折り方に変化を加え、アレンジできるところも魅力の一つです。折り返しを一つ増やす、あるいは折る角度を変えてみることで、それまでとは異なる新しい作品を生み出すことができます。
　昨今、どれが伝承折り紙かと尋ねられることもありますが、100年以上前のドイツのテーブルナプキンの折り方の本には、日本の伝承折り紙とそっくりな作品がのっていました。洋の東西や時代を問わず、正方形のものから似たような形を作り上げたというのは、非常におもしろいことだと思います。どの作品が誰のオリジナルかを考えるよりも、ただ純粋に、折ることを楽しみたいものです。

　本書は「伝統折り紙」とうたっていますが、親から子へ、友から友へと時代を超えて綿々と受け継がれてきた伝承の作品だけでなく、それらに工夫を加えて新たに考えられた作品も入っています。
　100年先の未来でも、誰かの手で折られていてほしいという願いをこめて選んだものばかりです。
　折り紙は、折り上げた作品や、折り図を残すだけでは足りません。人が折り、折り紙を通して語り合ったり、渡す相手の顔を思い浮かべたり、そうしたちょっとした「もてなしの心」も含めて受け継いでいってほしいと願っています。本書がその一助になれば幸いです。

お茶の水 おりがみ会館館長
小林一夫

もくじ

はじめに 2

吉祥の動物

	写真	折り方
鶴	6	34
連鶴（妹背山・手つなぎ鶴・キッス鶴）	7	35
祝鶴	8	36
寿亀	9	38
うさぎ	10	40
ねこ	10	42
猿	11	46
こうもり	12	45
つばめ	13	54
小鳥	13	48
蛙	14	50
かたつむり	14	52

季節の折り紙

	写真	折り方
鬼	15	55
小笠原びな	16	58
かぶと	18	64
鯉	18	65
はっぴ	18	66
出陣のかぶと・かぶと台	19	67
蓮／睡蓮	20	70
菖蒲	20	74
椿	21	72
月下美人	21	75

実用の小物

	写真	折り方
角香箱	22	76
ボートのお皿	22	78
八角形の箱	24	80
かざぐるまのたとう	25	81
つまみのあるたとう	25	82
祝儀袋	26	84
鶴のぽち袋	26	86
花のコースター	27	88
鶏の箸置き	27	90

遊べる折り紙

	写真	折り方
風船	28	91
手裏剣	29	92
二艘舟／だまし舟／かざぐるま	30	94
紙でっぽう	31	93

折り方の基本・記号の見方　32

吉祥(きっしょう)の動物

美しい姿やすぐれた能力をもった動物たちは、
吉祥を象徴するものとして
折り紙の題材にもなっています。

鶴　「鶴は千年」と言うように、古くから長寿をあらわす瑞鳥(ずいちょう)として好まれてきました。誰もが一度は折ったことがある、日本の折り紙を象徴する作品です。

● 折り方 → 34ページ

連鶴

1枚の紙に切りこみを入れて複数の鶴をつなげて折る「連鶴」は、江戸時代中期ごろに出版された『秘伝千羽鶴折形』で紹介されています。妹背山は「二人の愛の絆の深さ」を表現しています。

● 折り方 → 35ページ

吉祥の動物

妹背山 ● いもせやま

手つなぎ鶴

キッス鶴

7

祝鶴
いわいづる

見るからに美しい丹頂鶴（たんちょうづる）。毎冬、海を越えて飛来する神々しい姿は信仰の対象となり、婚礼衣装やめでたい行事に欠かせない文様として使われています。

● 折り方 → 36ページ

[吉祥の動物]

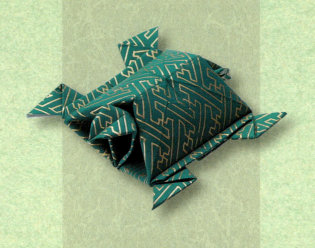

寿亀
● ことぶきがめ

亀は福徳富貴・長寿と不死の守護神とされ、亀の甲羅からデザインされた六角形の「亀甲文様（きっこう）」は特に縁起のよい文様とされます。北の鬼門に置くと幸せが訪れるとか。

● 折り方 → 38ページ

うさぎ

うさぎは多産・安産の象徴として古くから愛されてきました。欧米では、長い耳で情報をよく聴き、常に高く跳び上がることから、「幸せ」を集めるアイテムとしてウサギの尾をお守りにします。

● 折り方 → 40ページ

ねこ

病気をもたらし、穀物を食い荒らすねずみを駆除するねこは、昔から大切にされてきました。また、暗いなかでも目がきくため、魔除けなど神秘的な力を持つと信じられました。

● 折り方 → 42ページ

猿

「見ざる・言わざる・聞かざる」など縁起物としてなじみの深い猿。災いごとが去る（猿）として災難除け、厄除けになると言われるほか、縁（猿）結びのご利益があるともいわれます。

● 折り方 → 46ページ

吉祥の動物

こうもり

こうもりは、漢字で書くと「蝙蝠」。中国では「蝠」の発音が「福」と同じなため、幸福を招くと言われます。100年以上生きたねずみがこうもりになるとも言われ、長寿のシンボルでもあります。

● 折り方 → 45ページ

吉祥の動物

つばめ
つばめは暖かくなると日本を訪れ、卵を産み育て、寒くなると北へ帰る渡り鳥です。つばめが巣をつくる家は繁栄すると言われ、富や幸運をもたらす鳥と考えられています。
● 折り方 → 54ページ

小鳥
軽やかに空を舞い、たまさか窓辺を訪れる鳥は、「自由」や「幸運」の象徴とされました。だから、チルチル・ミチルが探すのは青い「鳥」なのです。
● 折り方 → 48ページ

13

蛙
かえる

田植えの時期に田んぼでさかんに鳴く蛙は、農耕神の使いと考えられ、繁栄・繁盛のご利益があるとされます。また、無事に「帰る」、貸したものが「返る」などの語呂合わせも。

● 折り方 → 50ページ

かたつむり

江戸時代には、恋愛成就のご利益があると信じられていたかたつむり。ヨーロッパでも、前にしか進まないということで幸運の象徴とされています。

● 折り方 → 52ページ

季節の折り紙

季節ごとの行事や、四季をいろどる花々など、日本古来の文化や自然を折り紙にして楽しみましょう。

鬼

豆（魔滅＝魔を滅する）をまいて鬼（災厄）を追い払うというのが節分ですが、恐ろしいものほど強い守り神になるとの考え方もあります。鬼を味方につければ、「鬼に金棒」。

● 折り方 → 55ページ

小笠原びな

ひなまつりは、古くは人形（形代）を水に流して災厄を祓う行事でした。やがて人形でままごとをする「ひいな遊び」と結びつき、女の子のすこやかな成長を願う行事となりました。

● 折り方 → 58ページ

現在では向かって左におびなを置くのが主流ですが、日本古来のしきたりでは向かって右を上位と考えるので、関西などでは今もおびなを右に置きます。

arrange
三人官女と五人囃子

季節の折り紙

かぶと

田植えの際に豊作を願う端午の節句が、武家社会になって男子の立身出世を願う行事となり、鎧かぶとは欠かせない飾りとなりました。

● 折り方 → 64ページ

鯉
● こい

鯉は滝を昇り龍になるという伝承から、出世の象徴とされます。江戸時代の中期には、武家の幟に対して、町人は鯉のぼりを飾るようになりました。

● 折り方 → 65ページ

はっぴ

祭りなどで揃いの法被（半纏）を見ると、心も沸き立ち「ハッピー」に。平安装束の半臂に由来し、江戸時代には職人や火消が粋に着こなしました。

● 折り方 → 66ページ

かぶと台

季節の折り紙

出陣のかぶと

武家社会では、出陣の前に神社に詣で、鎧かぶとを奉納するしきたりがありました。鎧かぶとは武士にとって戦(いくさ)の道具であるだけでなく、「家」の威厳や誇りを示す宝でもあったのです。

● 折り方 → 67ページ

かぶとには、勇猛な子に育ってほしいという願いと同時に、わが子をしっかりと守ってくれるようにとの祈りもこめられています。

蓮／睡蓮

はす／すいれん

よどんだ泥の中から茎をのばして優美な花を咲かせる蓮は、極楽を象徴します。よく似ていますが、蓮は水面より上で花を咲かせ、水面に浮かぶように咲くのが睡蓮です。

● 折り方 → 70ページ

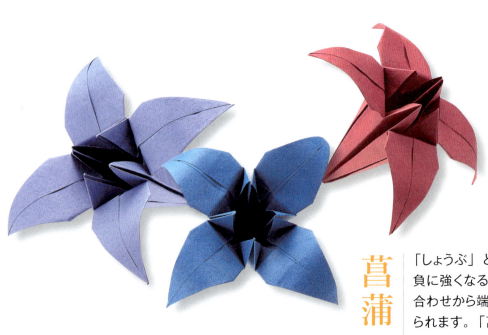

菖蒲

あやめ

「しょうぶ」とも読み、「勝負に強くなる」という語呂合わせから端午の節句に飾られます。「菖蒲湯」に使われる菖蒲とは別種の植物で、こちらは強い香りが邪気を祓うとされます。

● 折り方 → 74ページ

季節の折り紙

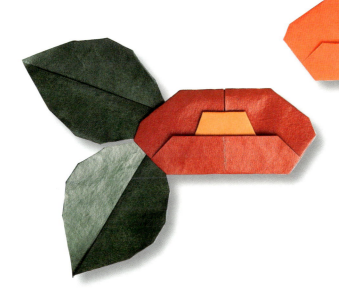

椿
つばき

冬にもしっかりとした緑の葉をつけ、花を咲かせる椿は、長寿をあらわす縁起のよい花です。つばき＝唾の語感を避けるため、「目白招き」という美しい別名を持ちます。

● 折り方 → 72ページ

月下美人

夜になると華麗な白い大輪の花を咲かせて濃厚な香りを放ち、一夜にしてしぼんでしまう月下美人。はかないからこそ美しい、日本人の好むところです。

● 折り方 → 75ページ

21

実用の小物

折り紙は、
贈り物を包むことから始まっています。
ちょっとした贈り物や身の回りに、
現代でも使いたいものです。

ボートのお皿

arrange
バスケット

角香箱

arrange
屋根のあるボート

実用の小物

arrange
角鉢

角香箱
つのこうばこ

香木・薫香を入れるふたつきの四角い小箱を「香箱」といい、裕福な家では嫁入り道具として持たせました。折り紙では、華やかに角をつけた「角香箱」がメジャーです。

• 折り方 → 76ページ

ボートのお皿

遠くの人や物をつなぐのが舟の役目。伝承折り紙にも底の広い「舟」がありますが、洋風のボートを見た誰かが「ボート」を考え出したのでしょう。ここではお菓子を運んでもらいます。

• 折り方 → 78ページ

23

open!

八角形の箱

伝承の「八角形のたとう」を立体にして、プレゼントボックスにアレンジ。「八」は末広がりの形がめでたいとされ、古来より好まれてきた数字です。

● 折り方 → 80ページ

たとう

折りたたんで懐(ふところ)に入れておき、何かを渡すときに包み紙として使ったのが「畳紙(たとうがみ)」。そこからさまざまな折り方の「たとう」が生まれました。ひっぱるとさっと開き、すっと元に戻るので、ちょっとした手紙やものの受け渡しに。

かざぐるまのたとう ● 折り方 → 81ページ
つまみのあるたとう ● 折り方 → 82ページ

実用の小物

かざぐるまのたとう

つまみのあるたとう

25

祝儀袋

バッグや袋へ「入れる」欧米の文化に対し、日本はのし袋やふろしきなど「包む」文化を発展させてきました。「包む」は「つつましい」に通じ、心も一緒に包みます。

● 折り方 → 84ページ

arrange
箸袋（はしぶくろ）

鶴のぽち袋

ちょっとした祝儀や心遣いを渡すときに使われるぽち袋。鶴がついているとめでたさも増し、「これっぽっち」とは思わせません。

● 折り方 → 86ページ

花のコースター

湯呑みでテーブルを傷つけたり、水滴がお客様の衣服を濡らしたりしないようにとの心遣いから生まれた茶托やコースター。お客様のイメージや季節に合わせて作ってください。

● 折り方 → 88ページ

実用の小物

鶏の箸置き

鋭い鳴き声で夜を追い払い朝の訪れを告げる鶏は、邪気を祓う神聖な鳥として古来より崇められてきました。嬉しい食事の席も、清めてくれることでしょう。

● 折り方 → 90ページ

遊べる折り紙

ただ懐かしいだけでなく、
今でも楽しく遊べてしまうのが、
長年受け継がれてきた
折り紙の力です。

風船

ゴム風船は丸いですが、折り紙の風船は四角。かつて「富山の薬売り」が行商のおまけにつけたのも四角い紙製でした。強くはじくと破け、やさしすぎると上がりません。微妙な力加減を身につけられます。

● 折り方 → 91ページ

手裏剣

忍者の飛び道具の一つである手裏剣も、折り紙で作れば愛らしいおもちゃに。つなげて吊るし飾りにしても楽しめます。

● 折り方 → 92ページ

遊べる折り紙

かざぐるま → だまし舟 → 二艘舟 にそうぶね

ひと折りごとに「二艘舟」「だまし舟」「かざぐるま」と変わる楽しさは折り紙ならでは。スペインの折り紙の鳥「パハリット」はだまし舟とよく似ています。400年ほど前にスペインを訪問した支倉常長(はせくらつねなが)らが伝えたのではないかと思いをはせると、折り紙のロマンも広がります。

● 折り方 → 94ページ

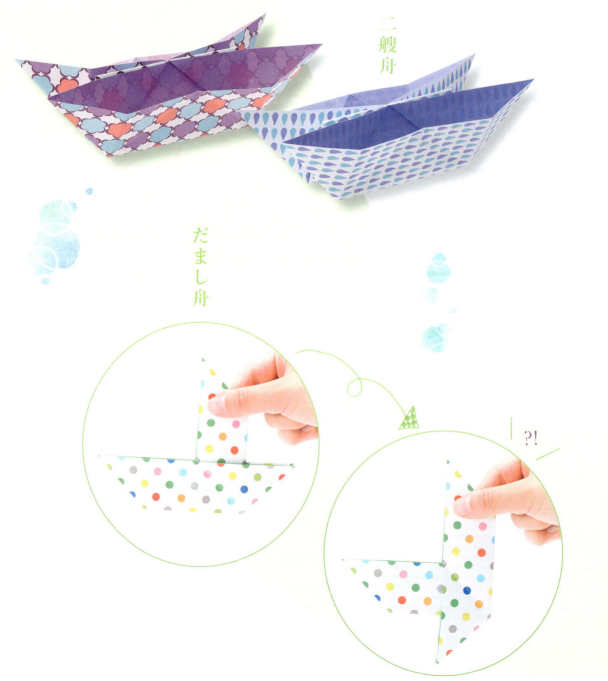

二艘舟

だまし舟

?!

紙でっぽう

鉄砲といっても、玉が飛び出さない平和な紙の鉄砲。大きな音で相手を驚かせて愉しみます。

● 折り方 → 93ページ

遊べる折り紙

かざぐるま

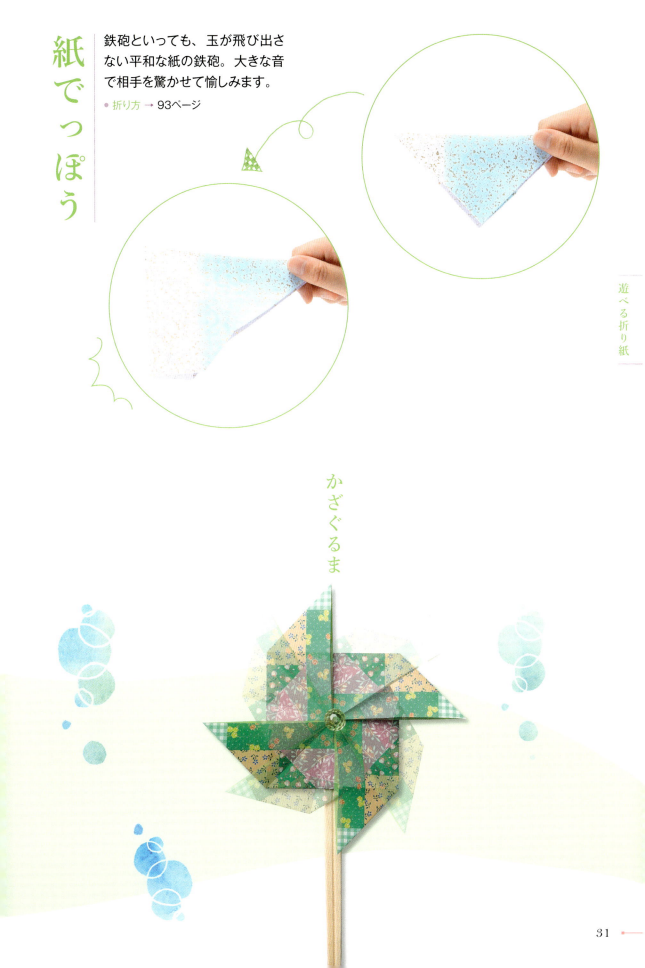

31

折り方の基本・記号の見方

この本に出てくる折り方と、記号の見方を解説します。

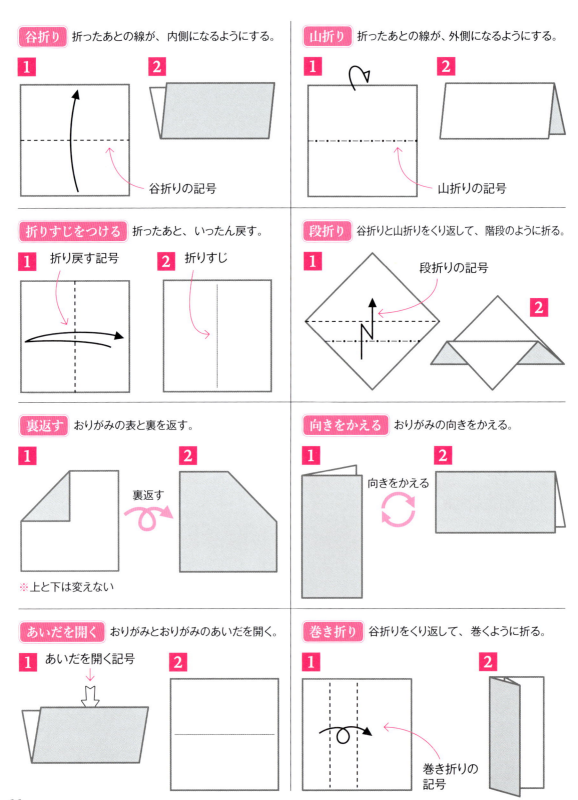

| 等分にする | 角や辺が同じ大きさになるようにする。 | 切りこみを入れる（切る） | 太い線にしたがってはさみで切る。 |

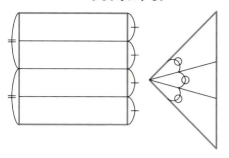 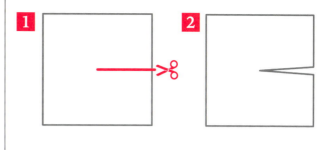

中割り折り
折りすじをつけ、あいだを開いて谷折りを山折りにかえ、内側に入れるように折る。

かぶせ折り
折りすじをつけ、外側にかぶせるように折る。

基本の三角折り
折りすじをつけ、★3つが☆に集まるように折る。

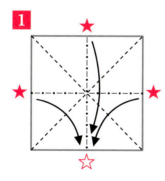  

折っているところ

基本の四角折り
折りすじをつけ、★と★、☆と☆が合うように折る。

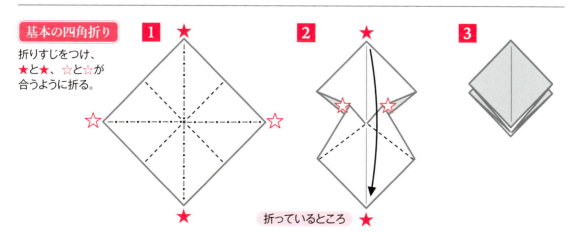

折っているところ

33

鶴・つる

同じ鶴でも、色や紙質によってイメージがかわります。
レースペーパーや包装紙など、折り紙以外で折るのもおもしろいです。

写真⇒6ページ

- 材料　15cm×15cm……1枚

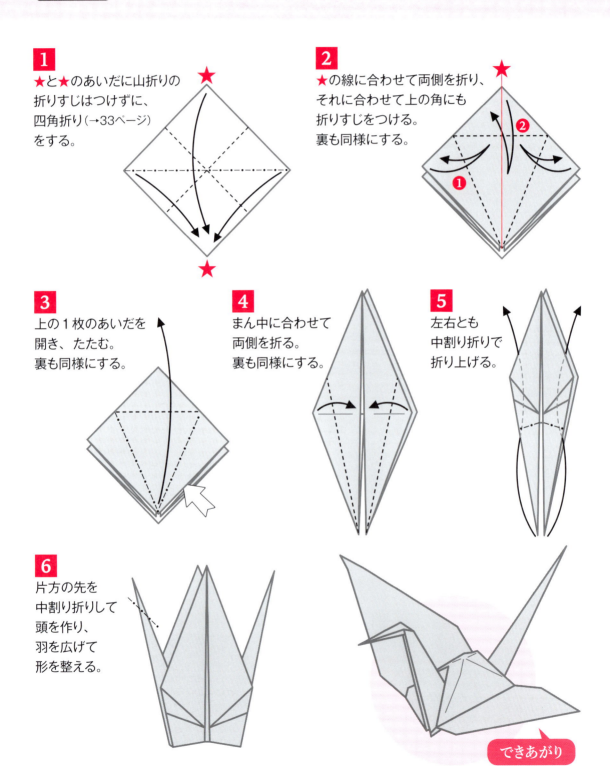

1 ★と★のあいだに山折りの折りすじはつけずに、四角折り（→33ページ）をする。

2 ★の線に合わせて両側を折り、それに合わせて上の角にも折りすじをつける。裏も同様にする。

3 上の1枚のあいだを開き、たたむ。裏も同様にする。

4 まん中に合わせて両側を折る。裏も同様にする。

5 左右とも中割り折りで折り上げる。

6 片方の先を中割り折りして頭を作り、羽を広げて形を整える。

できあがり

連鶴 • れんづる

一枚の紙から連なった鶴を作る連鶴。羽がぴたりと合わさった「妹背山(いもせやま)」、羽の先がつながった「手つなぎ鶴」、くちばしがつながった「キッス鶴」を紹介します。

● 材料　妹背山、手つなぎ鶴、キッス鶴：15cm×30cm……各1枚

写真⇒7ページ

【妹背山】

1. 半分に折ってから、図のように折りすじをつけて開く。

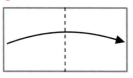

2. 半分まで切りこみを入れる。

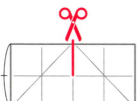

3. 片方を折りすじに合わせてたたむ。

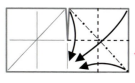

裏返す

4. もう片方も折りすじに合わせてたたむ。

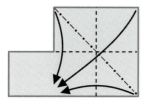

裏返す

5. それぞれ鶴の 2 から折る。

できあがり

【手つなぎ鶴・キッス鶴】

1. 半分に折ってから、図のように折りすじをつけて開く。

2. 3〜5mmくらい残して切りこみを入れる。

〈手つなぎ鶴〉　　〈キッス鶴〉

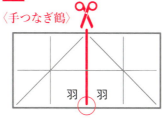

❋ 切りこみの向きを間違えないこと！

3. 左右それぞれ図のとおりにたたみ、鶴を折る。

〈手つなぎ鶴〉

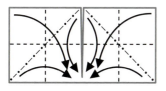

〈キッス鶴〉

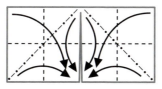

❋ つながっている部分がちぎれないように、慎重に！

できあがり

〈手つなぎ鶴〉

〈キッス鶴〉

35

祝鶴 ● いわいづる

写真⇒8ページ

● 材料 18cm×18cm……1枚

金や銀、赤などのおめでたい色の両面おりがみで折ると華やかです。

＊羽になる部分を内側にして折った四角折り（→33ページ）から始める。

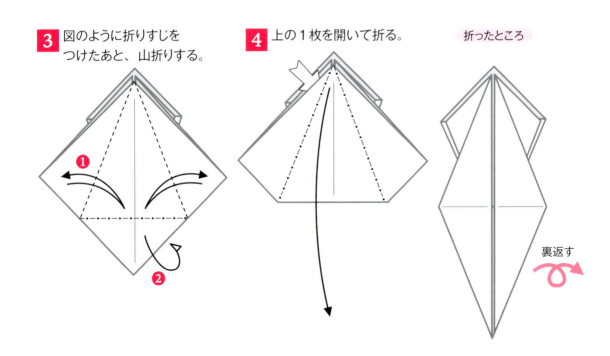

1 折りすじをつけてから あいだを開いてたたむ。

2 上の1枚を左に折り、☆の部分を1と同様に折り、右へたおす。

折ったところ

裏返す

3 図のように折りすじをつけたあと、山折りする。

4 上の1枚を開いて折る。

折ったところ

裏返す

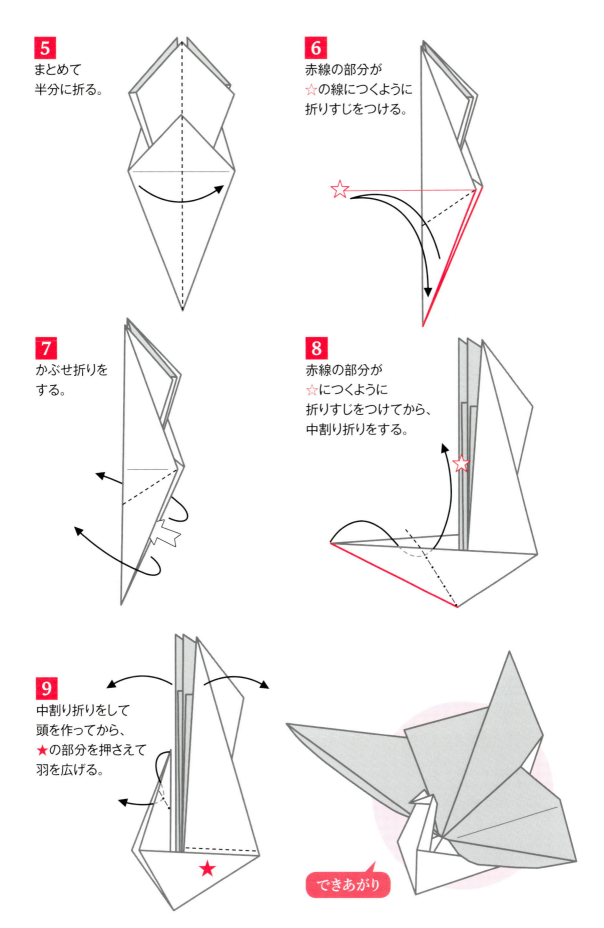

寿亀 • ことぶきがめ

厚めの紙で折ると、甲らのふくらみがしっかりします。
「亀甲」や「市松」などの柄の紙を使うと、甲らの雰囲気が出ます。

写真⇒9ページ

- 材料　18cm×18cm……1枚

＊三角折り（→33ページ）から始める。

1 上の角に合うように折りすじをつける。
それに合わせて上の角を折って
折りすじをつける。

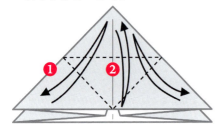

2 まん中に合わせて
折りすじをつける。

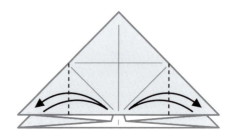

3 あいだを開き、
★が☆に合うように折る。

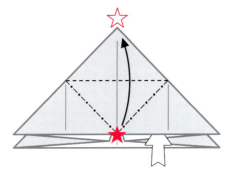

4 上の角を折り、下の部分を開く。
裏も 1～4 と同様にする。

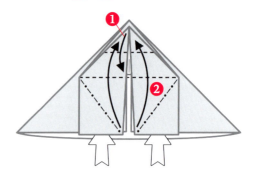

5 ○の部分を少しあけて、
折りすじをつける。

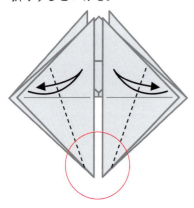

6 上の角を 5 でつけた折りすじに
合わせて折る。

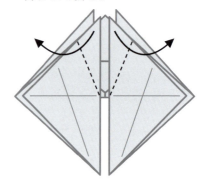

38

7 5の折りすじで折る。
裏も 5 〜 7 と同様にする。

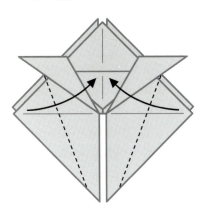

8 下の角を中割り折りする。

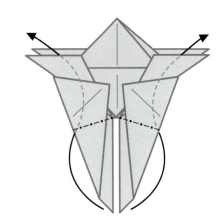

9 ★のところを指で押しながら、
⇩の部分をゆっくりと開く。

開いているところ

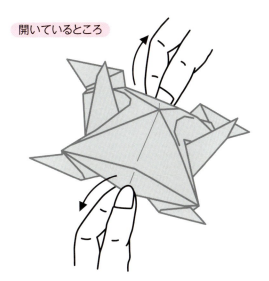

10 中割り折りで頭としっぽを作る。
頭は平らになるようにして、
しっぽは頭より深く中割り折りする。

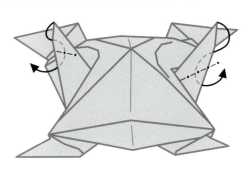

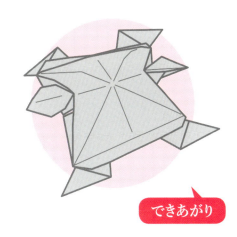

できあがり

うさぎ

白×赤、薄茶×ピンクなどの淡い色味や、やわらかい紙質で
うさぎらしさを演出しましょう。

- **材料** 18cm×18cm……1枚

1 図のように折りすじをつけ、まん中で合うように折る。

2 下の部分を、開いてたたむ。

3 上の部分を四角くたたむ。

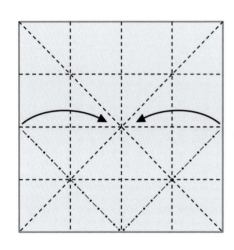
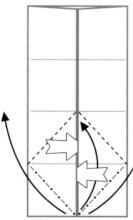
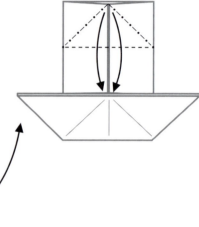

4 2で折ったところがまん中で合うように折る。

5 図のように折りすじをつけ、たたむ。

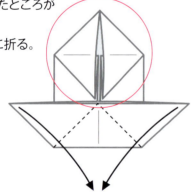
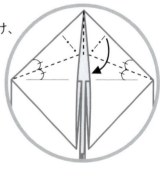

6 それぞれの角を等分するように折りすじをつけ、☆をつまんで折り線どおりにたたむ。

折っているところ

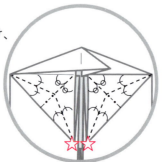
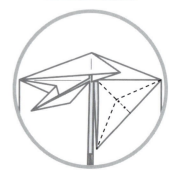

7 下の部分をまん中に合わせて折る。

折ったところ

8 折りすじに合わせて下の角を折り上げる。

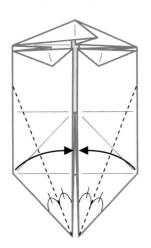
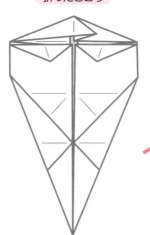
裏返す
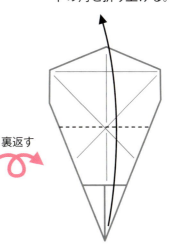

9 紙の端に合わせて両側を折る。

10 まん中で半分に折る。

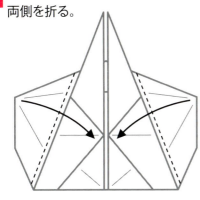
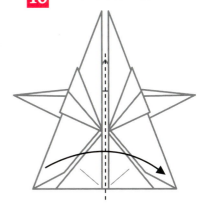

11 口と体の前の部分を中割り折りする。
前足は谷折りして軽くのりづけする。
☆の部分は軽く折りこむ。

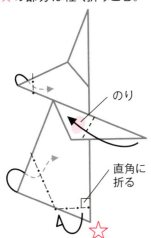

のり
直角に折る

耳の中がよく見えるように広げる。

できあがり

後ろに重心を置くようにすると立ちます。

41

ねこ

原案：中島 進

表が毛色に、裏が目と鼻の色になります。
好みの組み合わせの両面おりがみで作ってください。

● 材料　大：12cm×12cm……2枚、小：9cm×9cm……2枚

【あたま】

1 三角に折ったあと、★が☆に合うように折る。

2 図の位置で折る。

3 上の1枚のみ、☆に合うように図の位置で折り上げる。

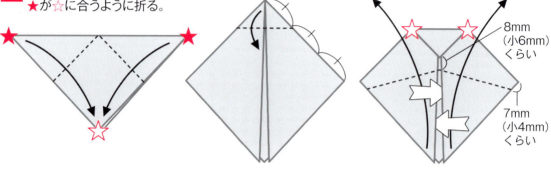

8mm（小6mm）くらい

7mm（小4mm）くらい

4 しっかり折りすじをつけたら、いったんすべて開く。

5 ☆の部分をつまみあげるようにして、折り線どおりにたたむ。

6 折っているところ。反対側も同様にたたむ。

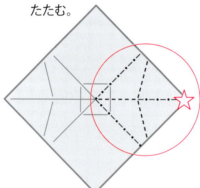
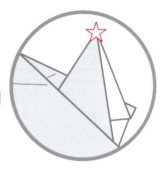

7 2で折ったところを折る。

8 2枚重ねて、★が☆に合うように折る。

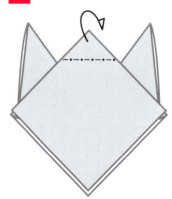
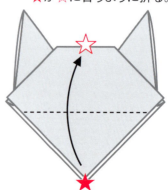

9 2枚重ねて、★が☆に合うように折る。

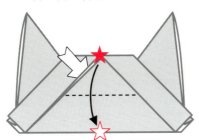

10 2枚重ねて図の位置で折りすじをつけ、上の1枚のみ開く。

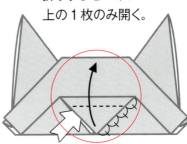

11 ☆の部分を**10**でつけた折りすじで折る。

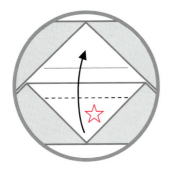

12 ★の部分を☆の部分と一緒に、**10**でつけた折りすじで折り、のりづけする。

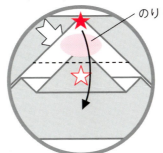

13 はみ出した部分を折り上げてのりづけする。

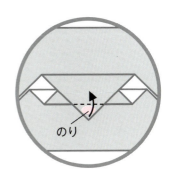

14 両側をまとめて折り、のりづけする。

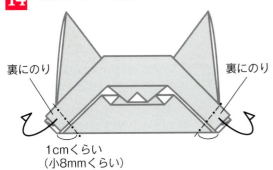

あたまのできあがり

【からだ】

1 三角に折ってから2枚まとめて図の位置で段折りし、折りすじをつけたあと、すべて開く。

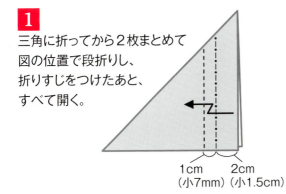

1cm
(小7mm)　2cm
(小1.5cm)

2 ☆の部分をつまんで、折り線どおりに段折りしながら全体を半分に折る。

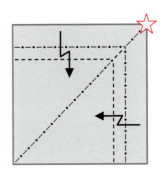

43

3 上の三角の部分を、図の位置で折りすじをつけてから中割り折りをする。

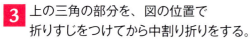
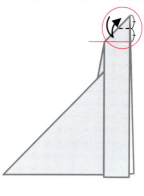

4 ★が☆に合うように折る。

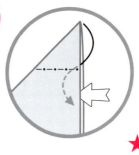

5 上の1枚のみ、図の位置で折る。

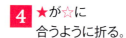
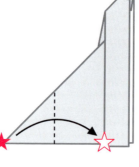
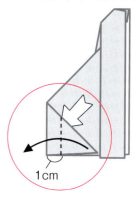

6 赤線部分が☆の線に合うように、折りすじをつける。

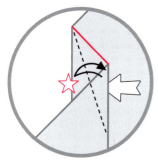

7 あいだを開いて、赤線部分が☆の線に合うように、折り線どおりにたたむ。

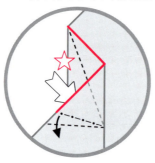

折ったところ

からだのできあがり

8 角を折る。

裏返す

9 アは内側に三角に折りこみ、イ・ウは中割り折りをする。ア・イは裏も同様に折る。

ア　イ　ウ

仕上げ

あたまとからだを裏返し、からだの先を、あたまの7で折った部分に差しこみ、のりづけする。

のり

裏返す

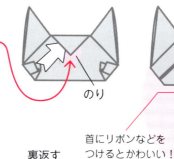

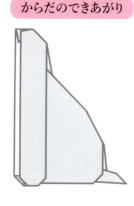

首にリボンなどをつけるとかわいい！

できあがり

こうもり

オーソドックスな黒だけでなく、星柄など、柄物で折ってもおもしろいです。

写真⇒12ページ

● 材料　15cm×15cm……1枚

＊三角折り（→33ページ）から始める。

1 左側に、2枚まとめて図のような切りこみを入れる。右側は上の1枚のみまん中に合わせて折る。

2 左側を1枚、右にたおす。

裏返す

3 左側の1枚のみ、まん中に合わせて折る。

4 右にたおす。

5 図の位置で折る。

6 顔の先を折る。

できあがり

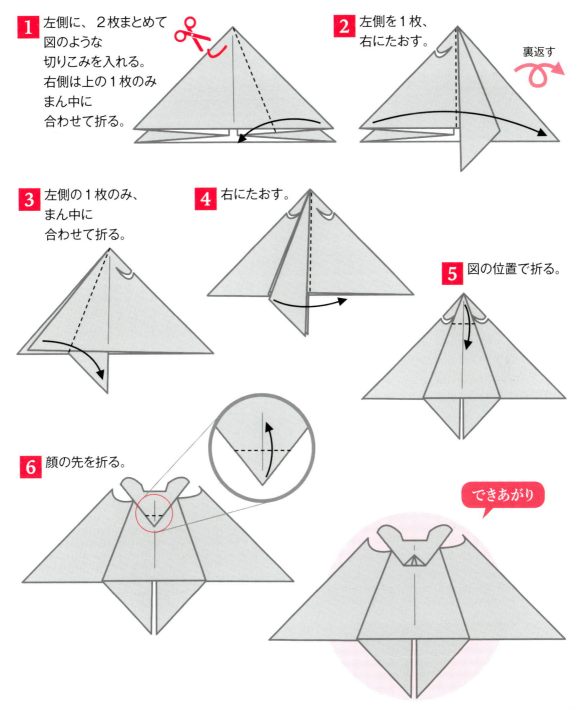

猿・さる

アレンジ：冨田登志江

片面が赤の両面おりがみを使うと、顔が赤い猿になります。

- 材料　18cm×18cm……1枚

1 三角の折りすじをつけ、折りすじに合うように両側を折る。

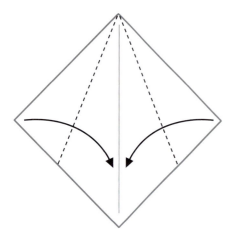

❋顔になる面を中にする。

2 まん中に合うように両側を折る。

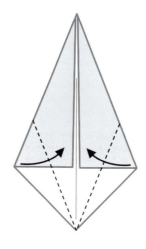

3 図のように折りすじをつける。

1cmくらい

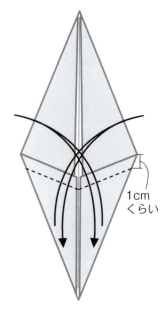

4 上は山折りに、下は谷折りにする。（5の図を参考に）

途中図

向きをかえる

5 ☆の部分のあいだを開いて折り線どおりに折る。
下は、●が○につくように折る。

5.5cmくらい
5.5cmくらい

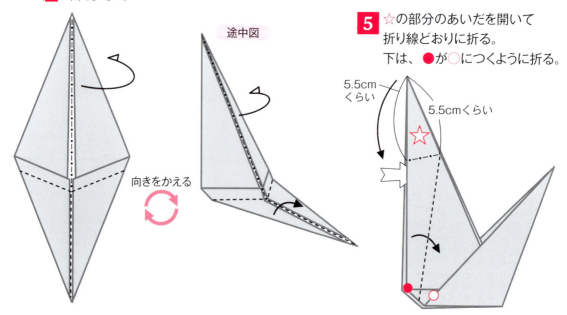

6 ○の部分に3等分の折りすじをつける。

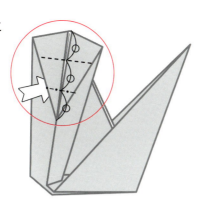

7 上の1枚のみ切りこみを入れる。

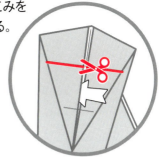

8 切ったところを開き、後ろに折りこむ。

❶ 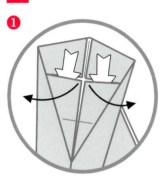 ❷

9 図の位置で段折りし、**6**でつけた折りすじで折る。

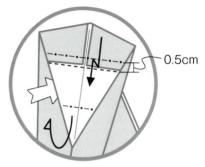

10 ○の部分のあいだを開いて耳を作る。

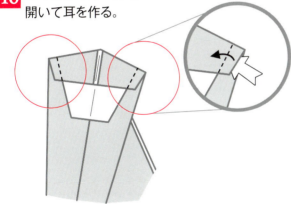

11 折ったところ。反対側も同様にする。

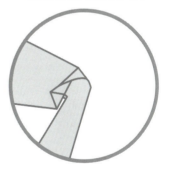

12 図の位置で谷折りして、広げてしっぽを作る。

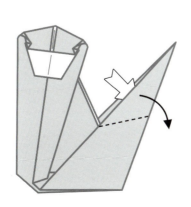

できあがり

小鳥

ツートンカラーがかわいい小鳥は、
両面折り紙で色の組み合わせを楽しんでください。

写真⇒13ページ

- 材料　15cm×15cm……1枚

1 三角の折りすじをつけてから、折りすじに合うように両側を折る。

2 三角の部分を後ろに折る。

3 まん中に合うように折る。

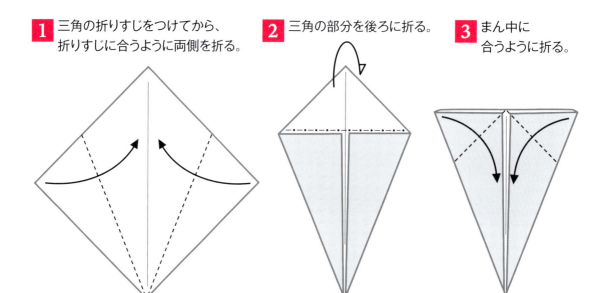

4 図のように折りすじをつけたあと、3 の形に戻す。

5 折りすじを図のように変え、☆の部分をつまんでたたむ。

6 4 でつけた折りすじに合うように折る。

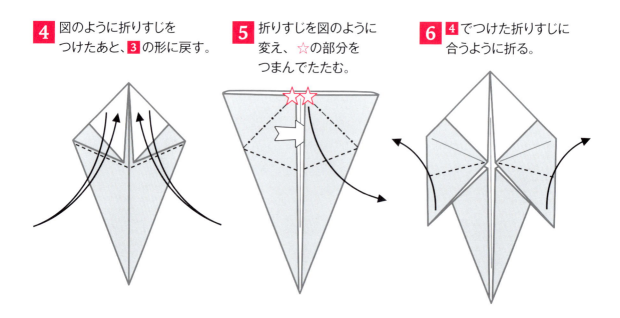

48

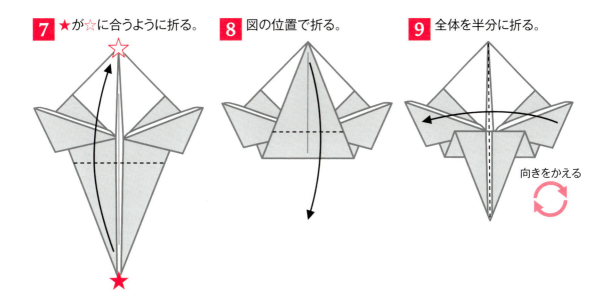

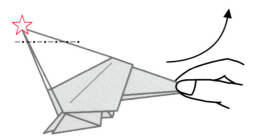

10 ☆の部分を小さく
中割り折りをし、顔を作る。
尾の部分を持ち、ななめ上に引き上げる。

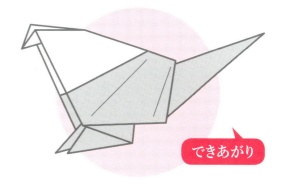

できあがり

あなたも新しい折り紙作品を作ろう

折り紙コラム

「鶴」と並んで、「かぶと」も折ったことがある人は多いでしょう。しかし、64ページで紹介した折り方に限らず、両端を折らなかったり、後ろを巻き折りにしたり、中に入れこんだりする折り方もあります。さらに、「しころ」や「鍬形」の部分の折り方を変えれば、またまた違うかぶとの誕生です。上は伝承のバリエーションで、下は最近、おりがみ会館を訪れた小学生が考え出したかぶとです。

本にのっている折り方は、あくまで１つの例にすぎません。「ここを折ったらどうなるかな?」などと考えながら、ぜひ新しい作品を生み出してみてください。

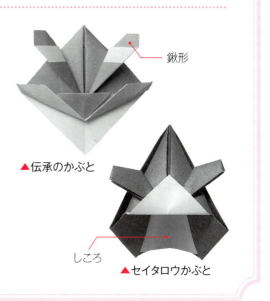

鍬形

▲伝承のかぶと

しころ

▲セイタロウかぶと

蛙 ● かえる

ふっくらした胴体がユーモラスな蛙。
手足の角度で雰囲気が変わるので工夫してください。

● 材料　15cm×15cm……1枚

写真⇒14ページ

＊四角折り（→33ページ）から始める。

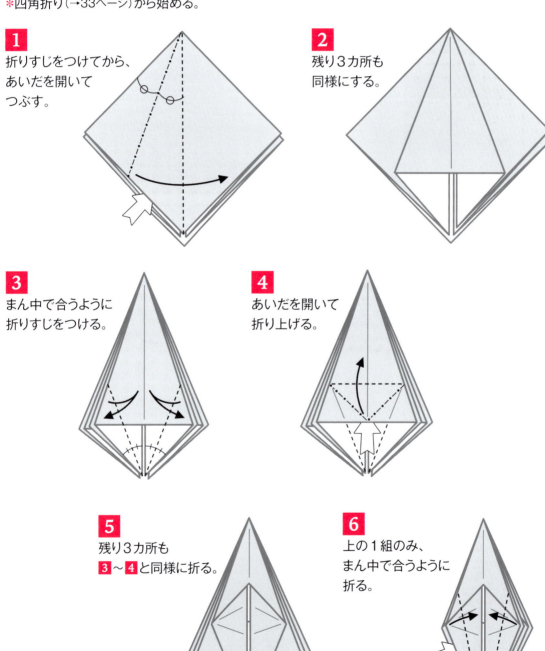

1 折りすじをつけてから、あいだを開いてつぶす。

2 残り3カ所も同様にする。

3 まん中で合うように折りすじをつける。

4 あいだを開いて折り上げる。

5 残り3カ所も 3 ～ 4 と同様に折る。

6 上の1組のみ、まん中で合うように折る。

50

7 残り3カ所も同様に折る。

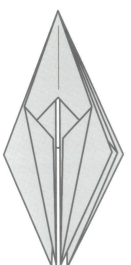

8 上の1組を左右とも中割り折りをする。

裏返す

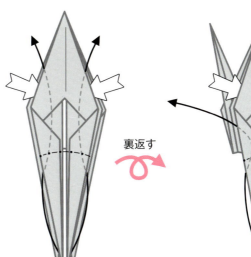

9 8とは角度を変えて中割り折りをする。

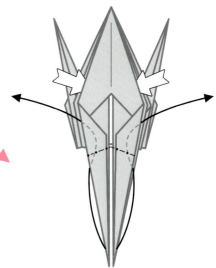

10 4カ所とも中割り折りをする。

11 さらに中割り折りをする。

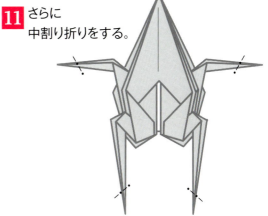

12 ○の部分を少し広げながら、息を吹きこむ。

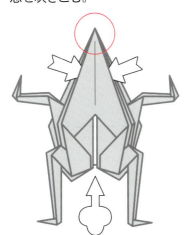

できあがり

51

写真⇒14ページ

かたつむり

殻をふくらませる最後の工程がポイントです。
しっかりのりづけをして、焦らずに進めましょう。

● 材料　15cm×15cm……1枚

＊四角折り（→33ページ）から始める。

1 折りすじをつけてから、あいだを開いてつぶす。

2 残り3カ所も同様にする。

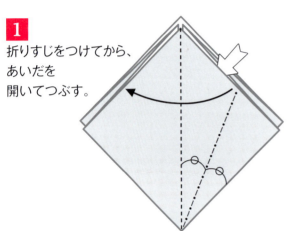

3 角度が3等分になるように巻き折りする。

4 残り3カ所も同様にする。

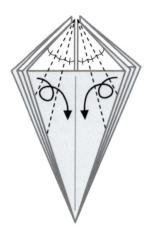
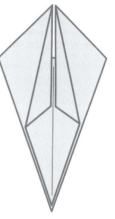

5 上の1枚を左にたおす。裏も同様にする。

6 上の1枚を手前に開き（折らないこと）、あいだの2つを半分くらいのところで中割り折りをする。

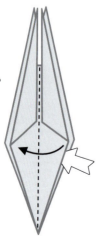
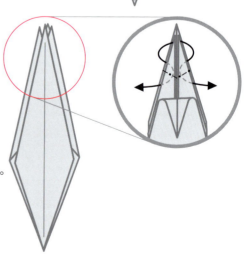

7 後ろの１枚を手前に折り、のりでとめる。

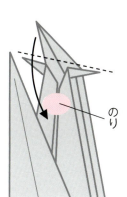

8 ☆の裏にのりをつけ、全体にかぶせてとめる。

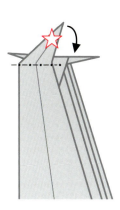

9 飛び出している部分を固くひねる。

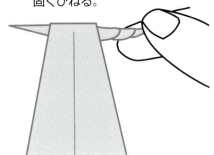

10 図の位置にのりをつけ、折る。

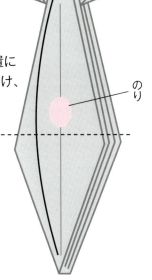

11 図の位置を持って、矢印方向に交互に少しずつ引きながらふくらませる。

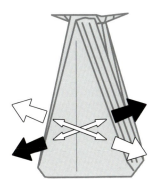

左側　　　右側

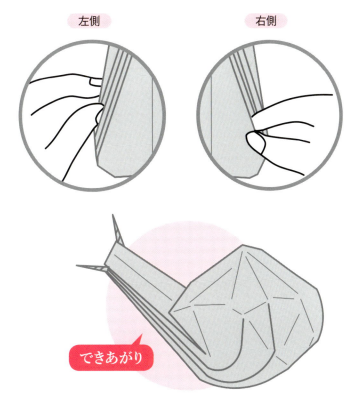

できあがり

つばめ

アレンジ：湯浅信江

折りぐせをしっかりつけて、つばめのシャープさを演出しましょう。

- 材料　15cm×15cm……1枚

※鶴（→34ページ）の 4 まで折ったところから始める。

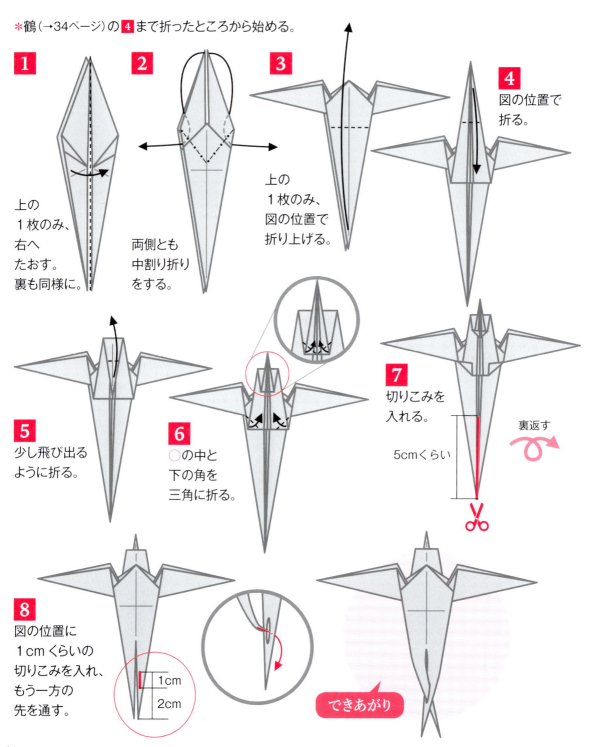

鬼 • おに

原案：冨田登志江

カッと開けた立体的な口が躍動感があり、力強さを感じさせます。

- 材料　15cm×15cm……1枚

＊基本の四角折りから鶴（→34ページ）の **2**、**3** を折ったところから始める。

1 図の位置で折りすじをつける。

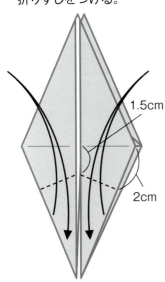

2 上の1枚のみ、まん中から切りこみを入れて開く。

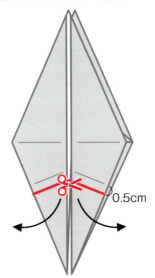

3 あいだを開いて折りこむ。

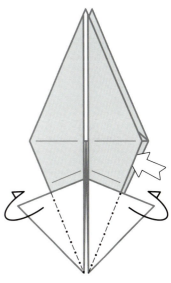

4 **1** でつけた折りすじで中割り折りをする。

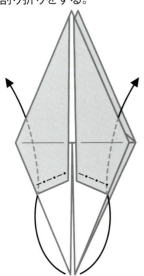

5 後ろはそのままおし、前は図の位置で折り下げる。

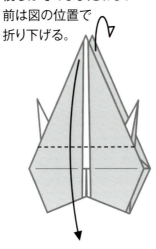

6 折りすじをつける。

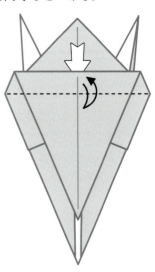

7 ★が☆に つくように折る。

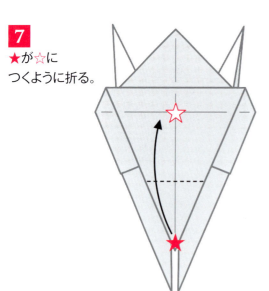

8 6でつけた 折りすじで 折る。

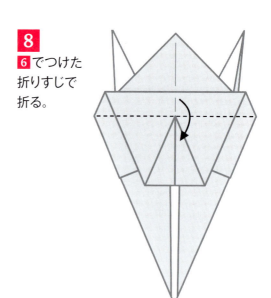

9 両側を ななめに折る。

10 上は山折りし、 まん中は 折りすじを つける。

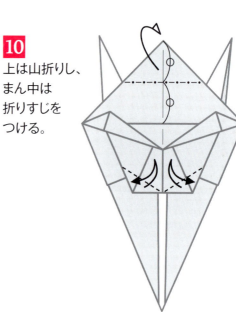

11 中割り折りをする。

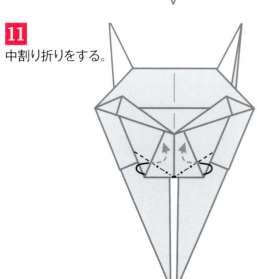

12 矢印の ところから 全体を後ろに たおす。

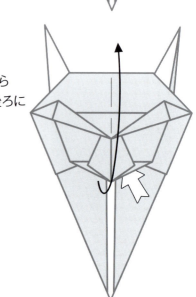

13
上の1枚のみ、まん中から切りこみを入れる。

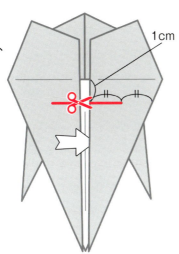

14
折りすじをつける。

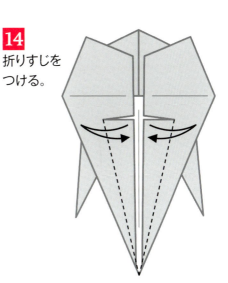

15
14でつけた折りすじに合わせて折る。

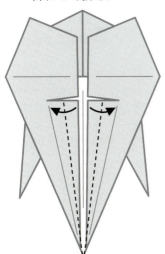

16
赤線の部分を立てる。

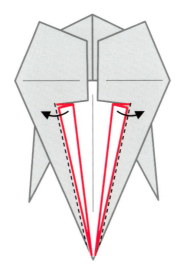

17
12でたおした部分を元に戻す。

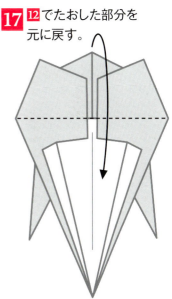

18
赤線部分を平らに戻し、下から巻き折りをする。

❶
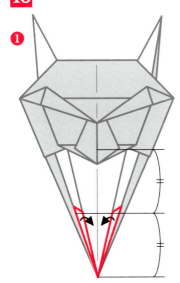

❷
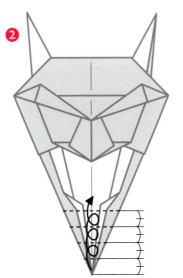

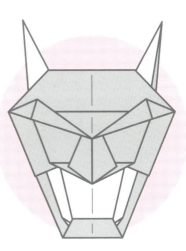

できあがり

小笠原びな

アレンジ：冨田登志江

写真⇒16ページ

紙を変えて、三人官女、五人囃子までそろえて豪華なひな飾りに。

- 材料　おびな・めびな：22cm×22cm……各1枚
  三人官女 からだ：18cm×18cm……3枚、袴(赤)：9cm×9cm……3枚
  五人囃子 からだ：18cm×18cm……5枚、袴：9cm×9cm……5枚

【おびな・めびな】＊基本の四角折りから鶴(→34ページ)の **2**、**3** を折ったところから始める。

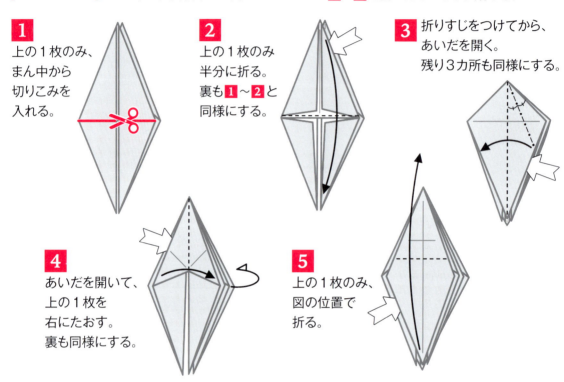

1 上の1枚のみ、まん中から切りこみを入れる。

2 上の1枚のみ半分に折る。裏も **1**～**2** と同様にする。

3 折りすじをつけてから、あいだを開く。残り3カ所も同様にする。

4 あいだを開いて、上の1枚を右にたおす。裏も同様にする。

5 上の1枚のみ、図の位置で折る。

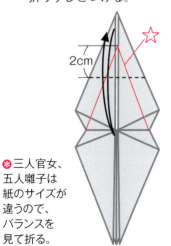

6 裏側の☆の部分が2cmくらい見える位置で折りすじをつける。

❋三人官女、五人囃子は紙のサイズが違うので、バランスを見て折る。

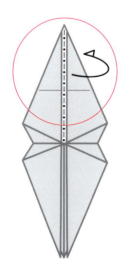

7 上の1枚のみ半分に折る。

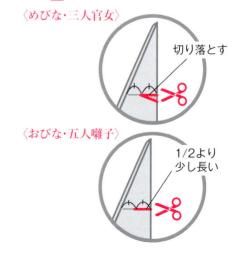

8 **6** でつけた折りすじに合わせて図のようにはさみを入れ、**7** の形に戻す。

〈めびな・三人官女〉
切り落とす

〈おびな・五人囃子〉
1/2より少し長い

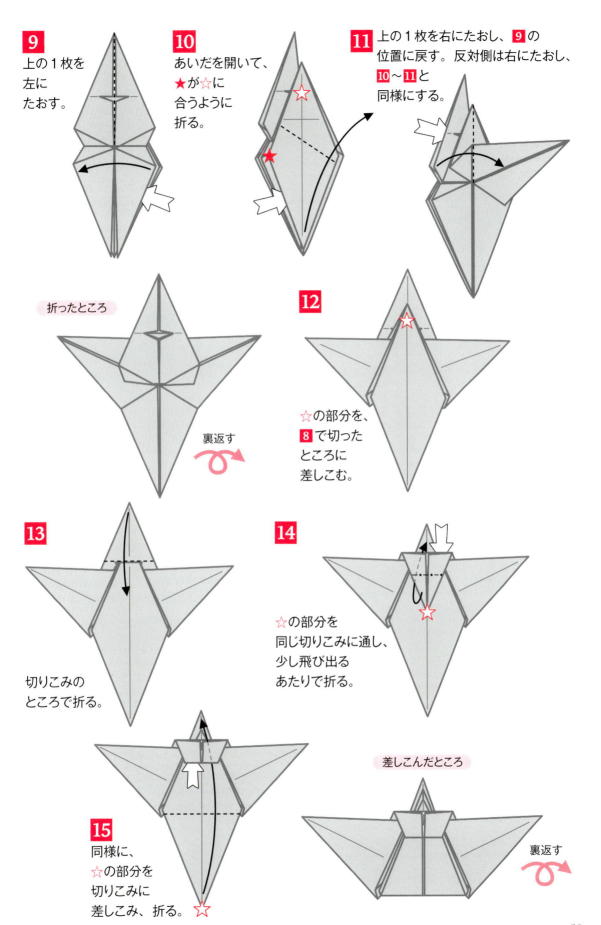

16 おびな、めびなとも、
小さく切ってたたんだティッシュペーパーを
矢印の位置から差しこみ、ふくらみを作る。

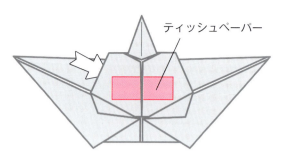

17 めびなは、胸の前で右手（☆）の上に
左手（★）を重ね、のりづけする。
おびなは、ティッシュを差しこんだところに
手（☆）を両側から差しこむ。

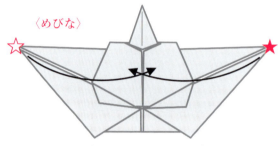

めびなのできあがり

❋めびな、三人官女は、必ず
右手の上に左手を重ねるのが決まりです。

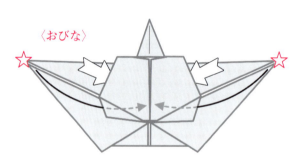

おびなのできあがり

【袴（三人官女・五人囃子共通）】

［袴ア］

1 三角の折りすじをつけ、
まん中に合うように折る。

2 まん中に
合わせて折る。

折ったところ

［袴アのできあがり］

裏返す

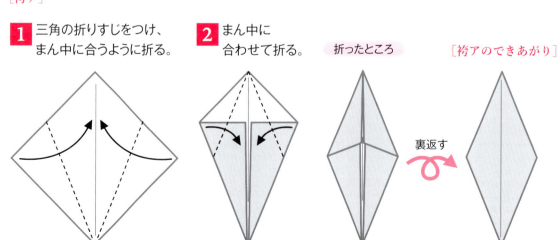

60

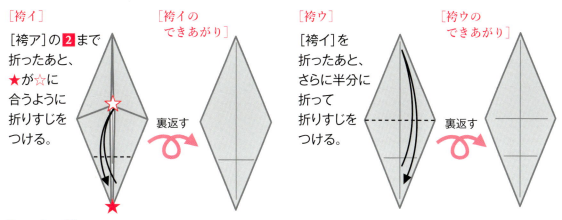

【三人官女①】

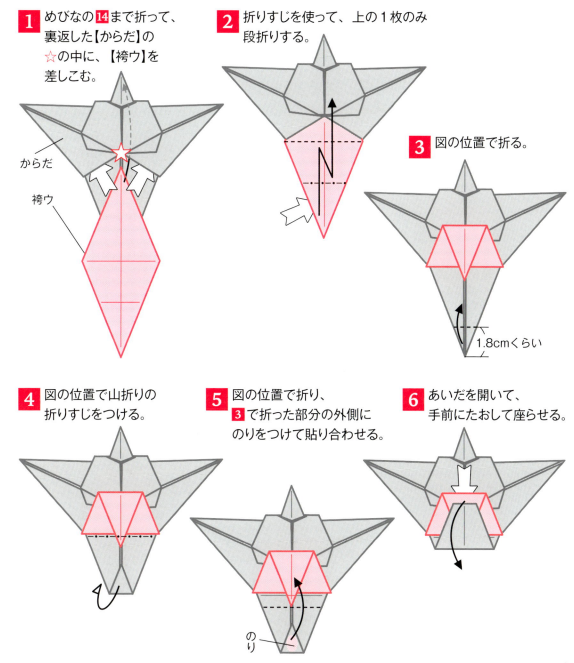

7 ●の部分のあいだを開いて、○の上にのせる。

8 赤線の部分を開くようにして曲げながら、めびなと同様に手を重ね合わせる。

三人官女①のできあがり

【三人官女②】

1 官女①と同様に、【からだ】に【袴イ】を差しこみ、まとめて図の位置で折りすじをつける。

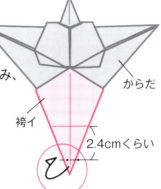

2 1で折った先をそれぞれのりづけする。

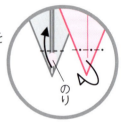

3 袴の折りすじに合わせてからだを谷折りし、袴が外になるように貼り合わせる。袖は官女①と同様にする。

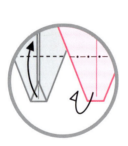

のりづけしたところ

三人官女②のできあがり

同様にもう一体作る。

【五人囃子・大鼓（おおつづみ）】

1 【からだ】に【袴イ】を差しこみ、2枚まとめて図の位置で折りすじをつけてから、官女②の 2〜3 と同様にする。

2 袖は、○が○に、●が●につくように曲げてのりづけする。

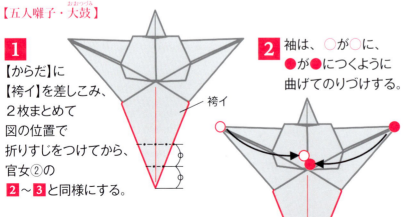

大鼓のできあがり

【五人囃子・太鼓、笛、謡】

1. 【からだ】に【袴ア】を差しこみ、2枚まとめて図の位置で折りすじをつけてから、官女②の 2 ～ 3 と同様にする。

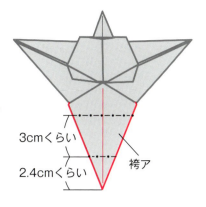

太鼓のできあがり

2. 袖は、それぞれ○が○に、●が●につくように曲げてのりづけする。

笛のできあがり

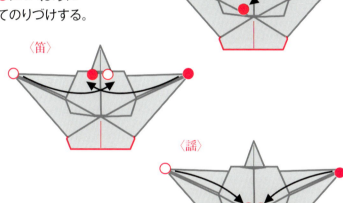

謡のできあがり

【五人囃子・小鼓】

1. 【からだ】に【袴ア】を差しこみ、図の位置で袴は山折り、からだは谷折りにし、袴の三角の部分を官女②のようにからだの表側に貼りつける。

2. 袖を、○が○に、●が●につくように曲げてのりづけする。

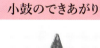
小鼓のできあがり

❋ 人形の並び順は17ページを参照してください。

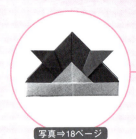

かぶと

大きくて丈夫な紙で作れば、実際にかぶることもできます。

- 材料　15cm×15cm……1枚

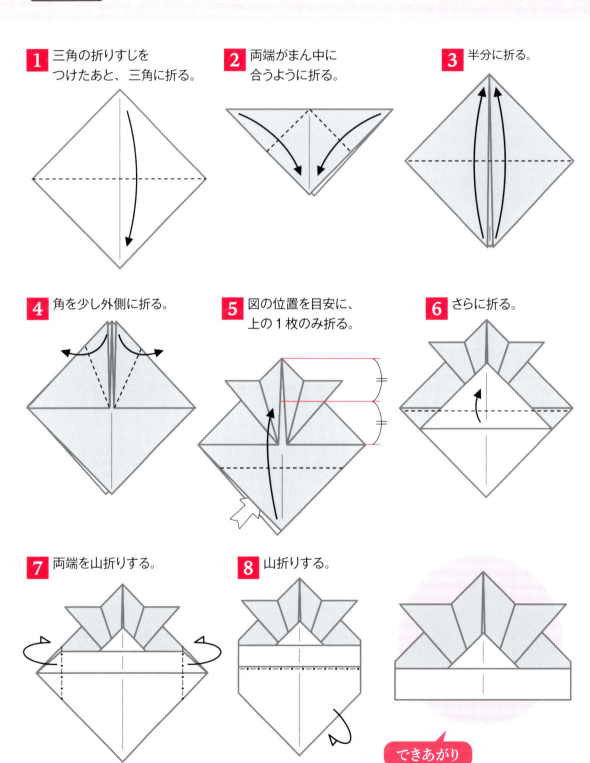

1. 三角の折りすじをつけたあと、三角に折る。
2. 両端がまん中に合うように折る。
3. 半分に折る。
4. 角を少し外側に折る。
5. 図の位置を目安に、上の1枚のみ折る。
6. さらに折る。
7. 両端を山折りする。
8. 山折りする。

できあがり

鯉 ● こい

6でひれやしっぽを折る角度を変えると、雰囲気が変わります。
大中小と紙のサイズを変えれば、こいのぼりも作れます。

● 材料　15cm×15cm……1枚

1 たてとよこに三角の折りすじをつける。

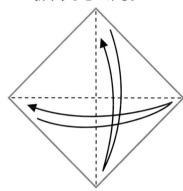

2 まん中に合うように、図のように折りすじをつける。

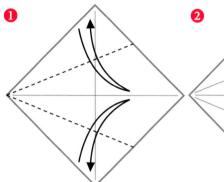

3 ☆をつまんで折り線どおりにまん中に寄せ、両側にたおして折りすじをつける。

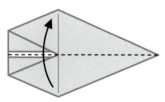

折ったところ

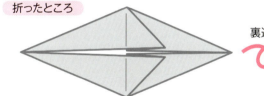

裏返す

4 左の角をまん中に合わせて折る。

5 全体を半分に折る。

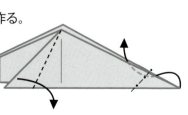

6 谷折りでひれを作る。裏も同様にする。中割り折りでしっぽを作る。

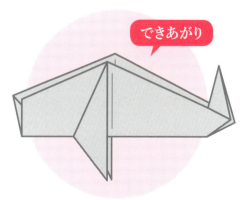

できあがり

はっぴ

和柄の紙を使うと本物の着物のよう。いろいろな色柄で作ると楽しいです。

写真⇒18ページ

- 材料　10cm×30cm……1枚

1 上から3分の1のところを山折りし、下を細く巻き折りする。

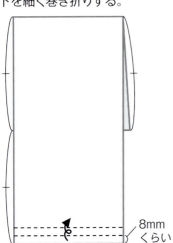

2 図の位置で折る。

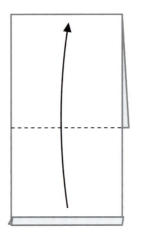

3 まん中に軽く折りすじをつける。

4 上の1枚のみ、角を三角に折る。

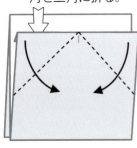

5 両端が **1** で巻き折りしたところに合うように、全体を重ねたまま折る。

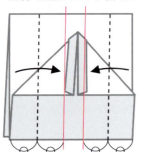

6 三角の折りすじをつけてから、あいだを開いてつぶす。

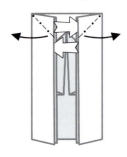

7 図の位置で山折りする。

裏返す

8 上の1枚を半分に折り、下に入れる。

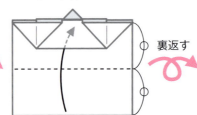

裏返す

できあがり

写真⇒19ページ

出陣のかぶと・かぶと台

アレンジ：冨田登志江

長くのびた「鍬形」や、広がる「しころ」も備えた立派なかぶとです。
メタル系の紙で作ると見映えがします。

- 材料　かぶと：24cm×24cm……1枚、かぶと台：18cm×18cm……1枚

【かぶと】

1 表を中にして、縦半分の折りすじをつけてから半分に折る。

2 上の1枚のみ、折りすじをつける。

3 片側を三角に折る。

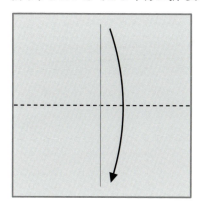

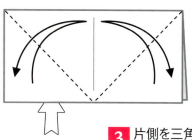

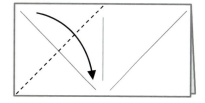

4 ★が☆につくようにななめの折りすじをつけ、**2**の形に戻す。

5 あいだを開いて、★が☆につくように折る。

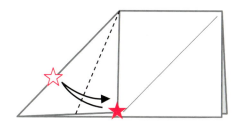

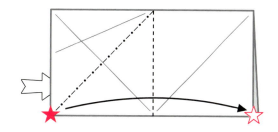

6 ★が☆につくように、❶、❷の順にたたむ。反対側も **3**〜**6** と同様にする。

7 あいだを開いて、上の2枚がまん中で合うように折る。

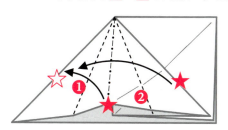

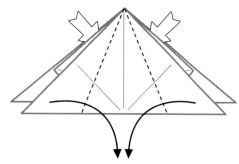

67

8 上の1枚のみ、角が半分になるように折りながら、★が☆につくようにたたむ。

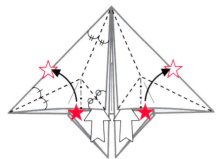

9 折りすじをつける。

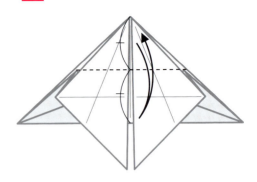

10 上の1枚のみ、赤線部分に切りこみを入れる。

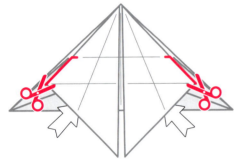

11 切りこみを入れたところを折り上げる。

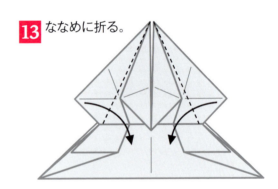

12 あいだを開いて折り線どおりに折る。

13 ななめに折る。

14 角を三角に折る。

15 あいだを開いて図のように持ち、正面が左にくるように全体を折る。

16 ★の辺が☆の辺につくように折る。

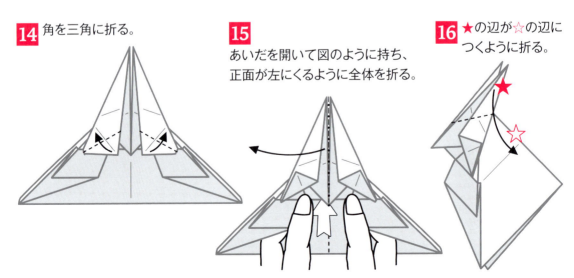

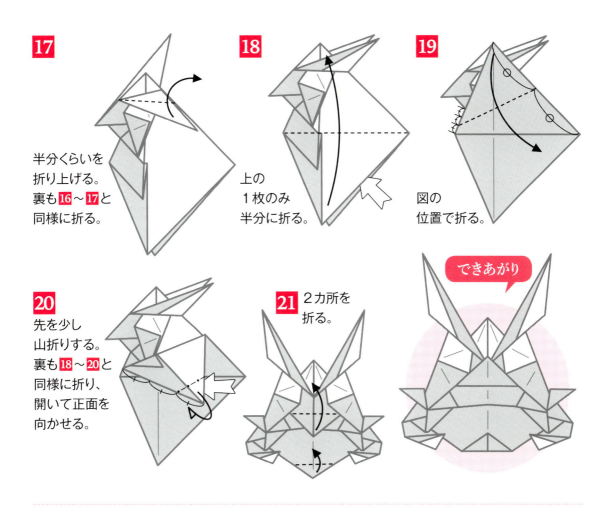

17 半分くらいを折り上げる。裏も 16〜17 と同様に折る。

18 上の1枚のみ半分に折る。

19 図の位置で折る。

20 先を少し山折りする。裏も 18〜20 と同様に折り、開いて正面を向かせる。

21 2カ所を折る。

できあがり

【かぶと台】

*三角折り（→33ページ）から始める。

1 まん中に合わせて折る。裏も同様にする。

2 上の1枚を右にたおす。裏も同様にする。

3 あいだを開いて中に入れる。裏も同様にする。

4 上の1枚を右に折る。裏も同様にする。

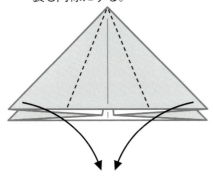

できあがり

かぶとを立てるのにぴったりの台です！

写真⇒20ページ

蓮／睡蓮 ●はす／すいれん

やわらかくて丈夫な和紙系で作るのがおすすめです。

● 材料　蓮：15cm×15cm……1枚　　睡蓮：15cm×15cm……2枚

【蓮】

1 ななめに折りすじをつけ、四隅がまん中に合うように折る。

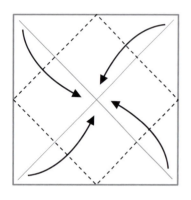

2 さらに、四隅がまん中に合うように折る。

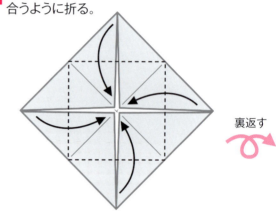

裏返す

3 四隅がまん中に合うように折る。

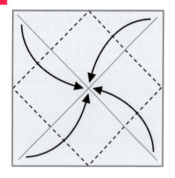

4 角を3分の1くらい折る。

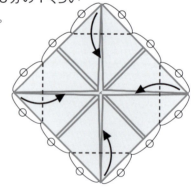

折ったところ

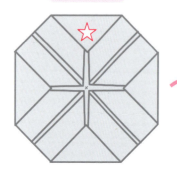

裏返す

5 あいだを開いて、上の1枚のみ、前の図の☆の部分を押さえながら、ていねいに裏側へめくる。

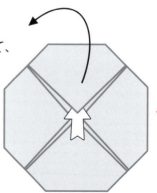

裏返す

70

6 残り3カ所も同様にする。

7 さらに、裏側の紙を4カ所ともめくる。破れないよう、慎重に。

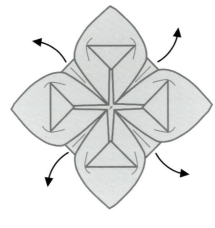

できあがり

【睡蓮】 ＊蓮の **6** まで折ったところから始める。

1 裏返して、あいだを開いて折る。

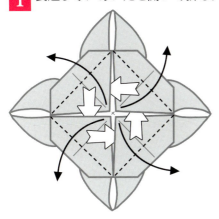

折ったところ

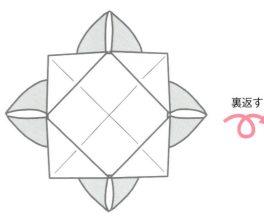

裏返す

2 中に、花びらの先を綿棒などを使って外側に軽くカールさせた蓮の花を入れる。

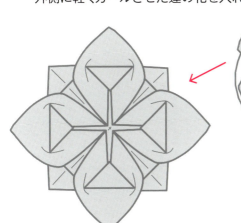

できあがり

少し小さい紙で折った蓮の花をさらに中に入れると豪華に。

71

椿・つばき

赤系と黄色の組み合わせの両面おりがみがおすすめです。
ない場合は、黄色の紙を貼り合わせてもよいでしょう。

 材料 花：15cm×15cm……1枚、葉：7.5cm×7.5cm……1枚

【花】

1 三角の折りすじをつけ、折りすじに合うように両側を折る。

2 半分のところで山折りし、全体を開く。

裏返す

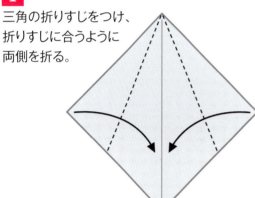

3 折りすじを使って、たたみながら手前に折る。

4 半分に折る。

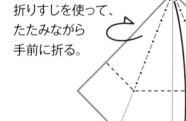

5 図の位置で折る。

6 半分に折る。

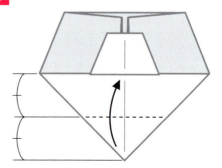

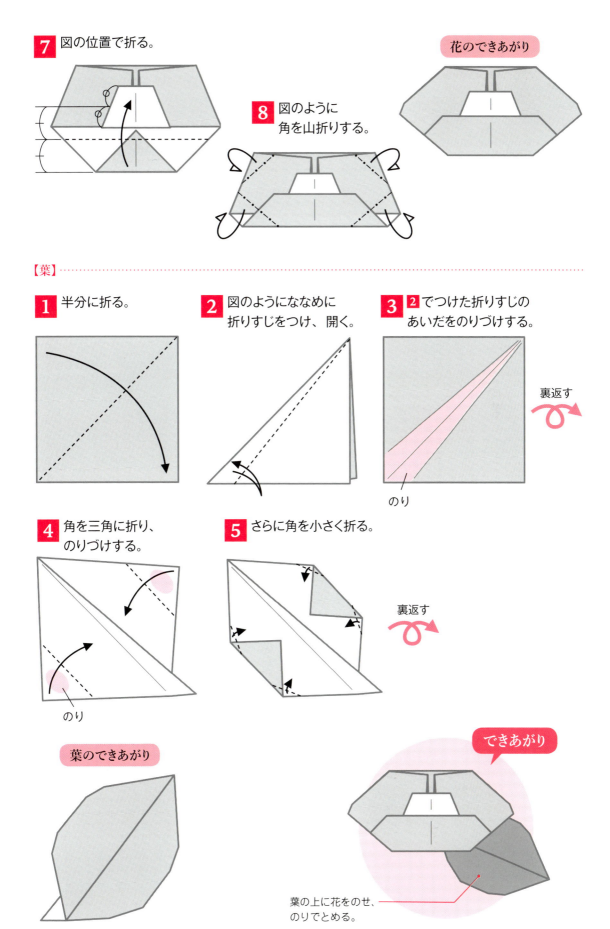

菖蒲 • あやめ

折りすじをしっかりつけて、凛とした表情に仕上げましょう。

写真⇒20ページ

● 材料 15cm×15cm……1枚

＊四角折り（→33ページ）から始める。

1 折りすじをつけてからあいだを開いてつぶす。

2 残り3カ所も同様にする。

3 折りすじをつける。

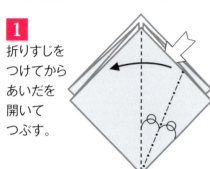

4 図のように開いてたたむ。

5 三角の部分を折り上げる。残り3カ所も **3**〜**5** と同様にする。

6 上の1枚を左にたおす。裏も同様にする。

7 中心で合うように折る。

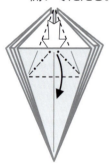 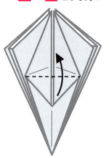 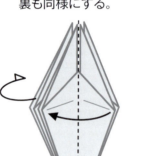 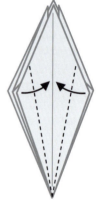

8 残り3カ所も同様に折る。

9 まん中を開いて軽く谷折りする。

  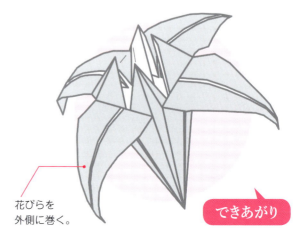

花びらを外側に巻く。

できあがり

74

月下美人 ● げっかびじん

夜に真っ白な花を咲かせる月下美人。
紙の色や、貼り合わせる花の数を変えれば、いろいろな花へと変化します。

● 材料　7.5cm×7.5cm……5枚

1 三角に折ったあと、まん中に小さく折りすじをつける。

2 図のように折る。

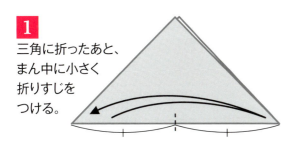

3 上の1枚のみ折りすじをつけ、開く。

4 あいだを開いて折り線どおりにつぶす。

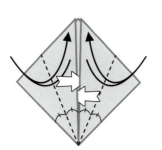

5 図の位置で折る。

6 ★が☆に合うように折る。

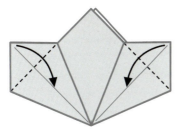

7 端にのりをつけて丸める。同様のものを全部で5個作る。

8 合わせたところにのりをつけ、5個をつなげる。

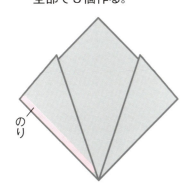
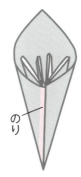

できあがり

75

写真⇒22ページ

角香箱 ●つのこうばこ

お菓子や小物など、入れるものに合わせて紙のサイズを変えてください。
大きな紙で作ったバスケットは子どものおままごとにも使えます。

● 材料 15cm×15cm……1枚

＊四角折り（→33ページ）から始める。

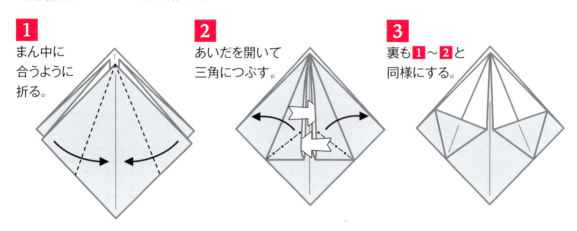

1 まん中に合うように折る。

2 あいだを開いて三角につぶす。

3 裏も **1**～**2** と同様にする。

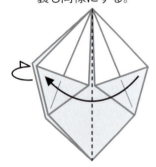

4 上の1枚のみ左にたおす。裏も同様にする。

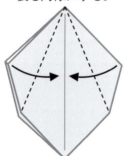

5 まん中に合うように折る。裏も同様にする。

6 ●の位置で折りすじをつけ、○の位置で上の1枚を折り下げる。残り3カ所も同様に折り下げる。

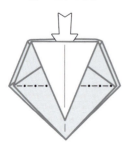

7 あいだを開いて形を整える。

できあがり

【アレンジ① 角鉢】　*角香箱の6まで折ったところから始める。

1 上の1枚のみ、★が☆に合うように折る。

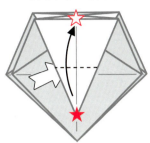

2 1で折ったところを図の位置で山折りし、内側に折りこむ。残り3カ所も1～2と同様にする。

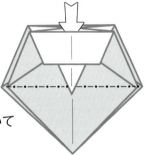

3 あいだを開いて形を整える。

できあがり

【アレンジ② バスケット】

*角香箱の7まで折ったところから始める。

1 向かい合う2カ所を角鉢の1～2と同様に折り、残り2カ所は上でのりづけする。

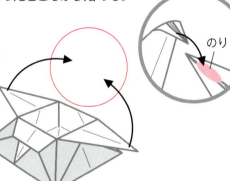

のり

できあがり

折り紙コラム　宇宙に行った折り紙

　太陽光パネルが、宇宙空間では簡単に広がり、かつ、ロケットには小さくたたんで積みこめるように、東京大学名誉教授の三浦公亮先生が考案されたのが「ミウラ折り」です。一方、以前私が目にした禅宗の修行僧が食事の際に敷く「鉢単(はったん)」という用具は、縦に3回、横に3回折られていて、端を引っ張ればパッと開き、食事がすめば折り線にそってサッとたためるというもの。鎌倉時代から伝わる折り方だそうです。厳密には折り方も発想も異なりますが、時代も用途も違うところで同じようなものが生まれるのですから、「折る」ことへの興味は尽きません。

◀鉢単

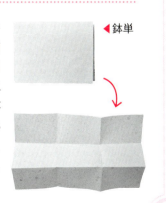

ボートのお皿

折り紙の「ボート」は、細長いものを入れる器にしてもぴったりです。

写真⇒22ページ

● 材料　15cm×15cm……1枚

1 横半分の折りすじをつけてから、折りすじに合うように折る。

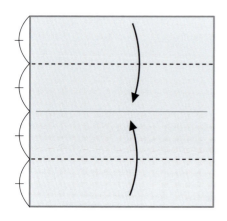

2 四隅をまん中に合うように折る。

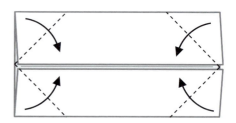

3 もう一度、まん中に合うように折る。

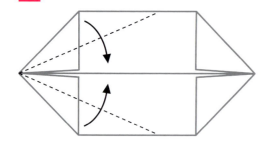

4 反対側も同様に折る。

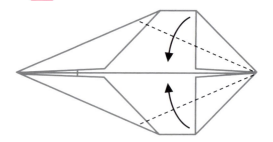

5 上下を半分に折る。

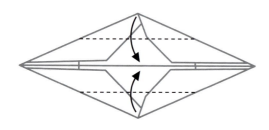

6 あいだを開いて、☆の部分が内側に入るように裏返す。

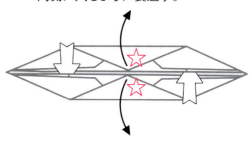

広げたところ

裏返す

できあがり

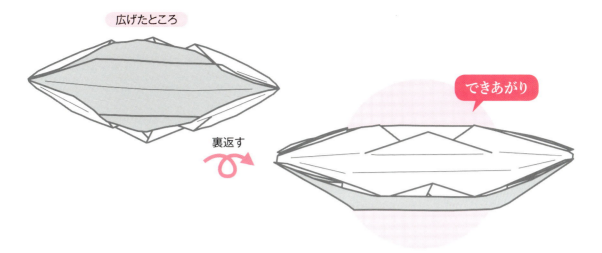

【屋根のあるボート】

＊ボートを完成させたところから始める。

1 ☆の部分を引き出す。

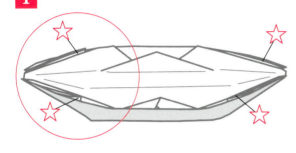

2 1カ所引き出したところ。
残り3カ所も同様にする。

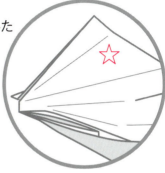

3 ★の部分を
☆の中に
少し差しこみ、
のりづけする。

4 差しこんで、
のりづけした
ところ。
反対側も
同様にする。

できあがり

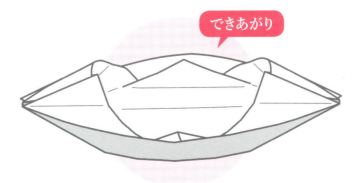

八角形の箱

アレンジ：湯浅信江

中に入れるものによって、紙のサイズは変えてください。

- 材料　30cm×30cm……1枚（幅9cm、高さ4cmのものが入ります）

写真⇒24ページ

＊四角折り（→33ページ）から始める。

1 折りすじをつけてから、あいだを開いてつぶす。

2 残り3カ所も同様にする。

3 赤線のところで切り落とし、すべて開く。

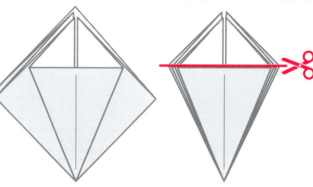

4 図の位置でぐるりと折る。

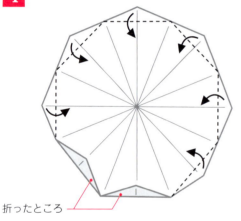

折ったところ

5 3等分する折り線をしっかりとつける。

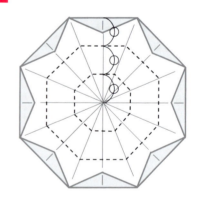

6 折り線のとおりにたたみ、立体にする。

❋山折り線、谷折り線をしっかり確認してつけてください。

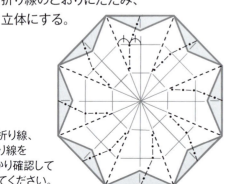

できあがり

かざぐるまのたとう

しっかり閉じて、パッと開くので、ポチ袋がわりにしたり、ちょっとしたメッセージを送るのに適しています。

写真⇒25ページ

• 材料　15cm×15cm……1枚

1 三角の折りすじをつけてから半分に折り、2枚重ねて3等分に段折りする。

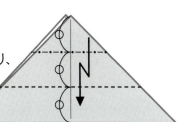

2 あいだを開いて、1枚のみ引き出す。

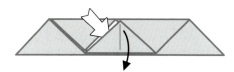

3 折りすじをつけなおして段折りする。

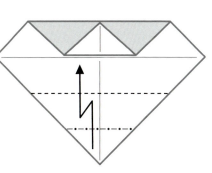

4 三角の部分を半分に折る。

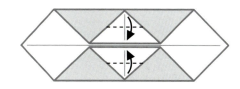

5 図のように段折りする。

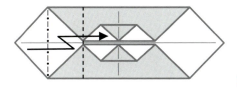

6 アの先を折る。反対側も **5**〜**6** と同様に折る。

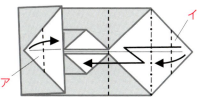

7 ☆の部分は折ったまま、全体を開く。

8 ❶〜❹の順番で折りすじどおりに折る。

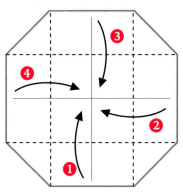

9 ★が☆の下に入るように折る。

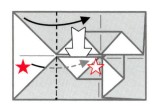

できあがり

写真⇒25ページ

つまみのあるたとう

つまみを持って引っ張ると、簡単に開きます。中にメッセージを書いたり、小さなものを入れたり、ちょっとした贈りものにぴったりです。

● 材料　15cm×15cm……1枚

1 三角の折りすじをつける。

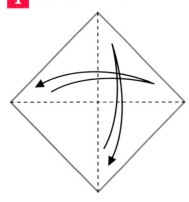

2 まん中に合うように折りすじをつける。

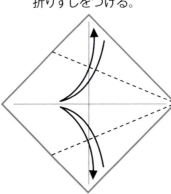

3 反対側も、図の位置まで折りすじをつける。

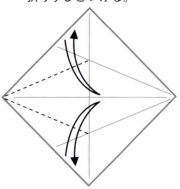

4 折り線どおりに折って☆をまん中に寄せる。

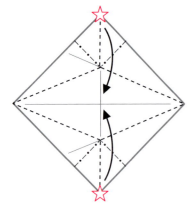

5 両側にたおして折りすじをつけたあと、まん中に合うように折りすじをつける。

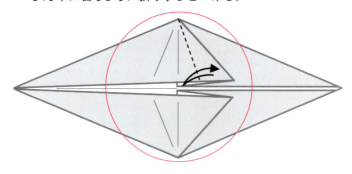

6 あいだを開いてつぶす。

7 三角に折り返す。☆の部分も、**5**～**7**と同様にする。

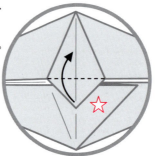

82

8 ★が☆に合うように折りすじをつける。反対側も同様にする。

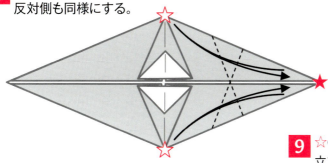

9 ☆の部分を折り線どおりに折って立てたら、たおす。

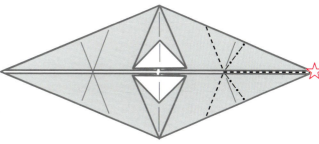

10 ●が○に合うように折りすじをつけ、あいだを開いてつぶす。

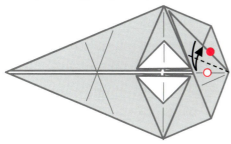

11 まん中からはみ出した部分を内側に折りこむ。

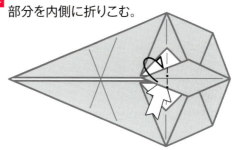

12 ★の部分を☆の下に差しこむ。

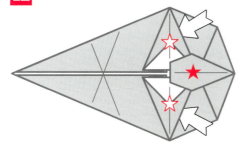

13 反対側も**9**〜**12**まで同様にする。

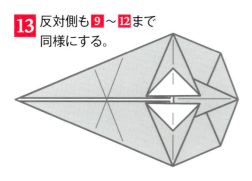

できあがり

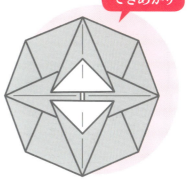

祝儀袋 ● しゅうぎぶくろ

赤と白、金と赤などの組み合わせでめでたさを演出しましょう。
好みの色の同じ大きさの紙を貼り合わせて作ってもよいです。

● 材料　祝儀袋：37cm×37cm……1枚　　箸袋：15cm×15cm……1枚

【祝儀袋】

1 まん中にしるしをつけ、しるしに合わせて左側と下を折る。右側はまん中より少し小さく折る。

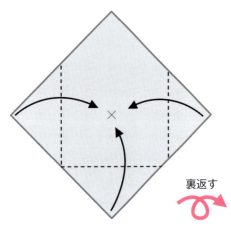

裏返す

2 うしろの三角の部分を折らないようにして、左側は3分の1のところで、右側はそれより少し小さく折る。

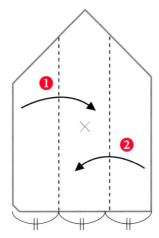

3 ★が☆に合うように折る。

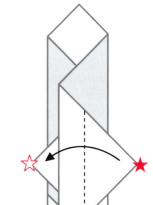

4 ☆の部分を折り返し、●の部分を○の中に差しこむ。

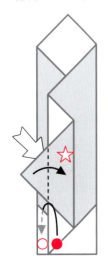

5 正方形の部分を、まん中にかぶせるようにななめに折る。

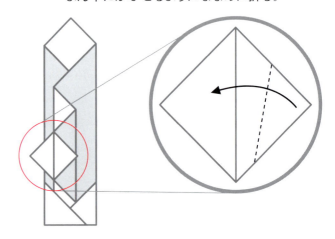

6 まん中から
はみ出たところを折り返す。

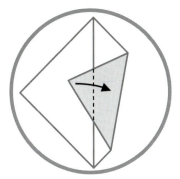

7 もう片方もかぶせるように折り、
重なった部分を折り返す。

❶ 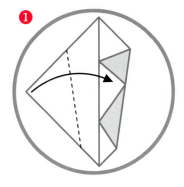 ❷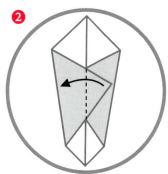

8 上と下を山折りし、
上の角を下の
折り返したところに
差しこむ。

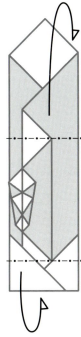

裏から見たところ

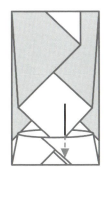

できあがり

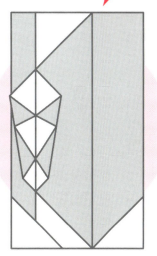

❋24cm×24cmの紙で折れば
ぽち袋になります。

【箸袋】

＊祝儀袋の**4**まで折ったところから折りはじめる。

1 下の端を
小さく山折りする。

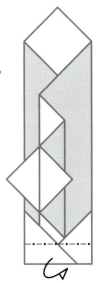

できあがり

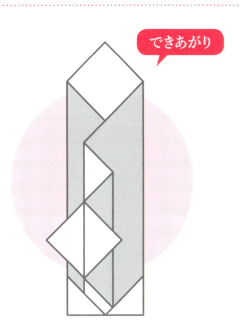

85

鶴のぽち袋

鶴が一羽添えられるだけで、華やいだ気持ちが贈れます。

写真⇒26ページ

- 材料　14cm×30cm……1枚

1 紙の一方に三角折りの折りすじをつけ、たたむ。

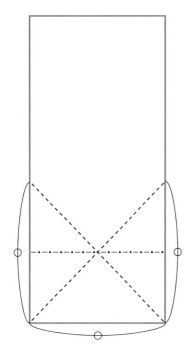

2 あいだを開いてつぶす。

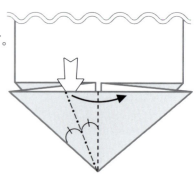

3 まん中に合うように折りすじをつける。

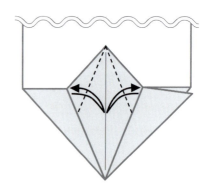

4 あいだを開いて折り線どおりにたたむ。

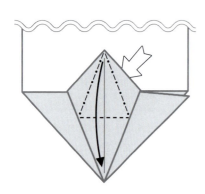

5 上の1枚を折り上げる。

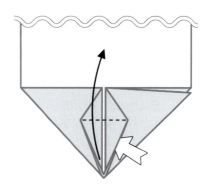

6 上の1枚を左にたおす。

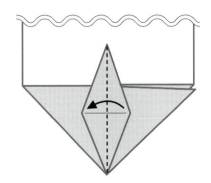

7 ☆の部分を、**2**～**5**と同様に折り、右にたおす。

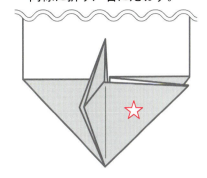

8 中割り折りをして頭を作る。

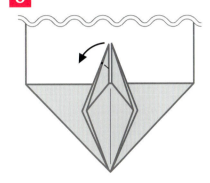

9 上を1cmくらい山折りしてから半分に折り、鶴のうしろに差しこむ。

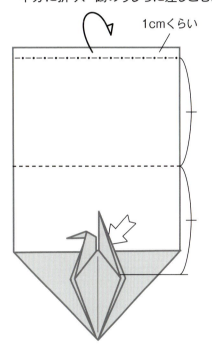

10 両側を、鶴の幅より少し大きめに折る。

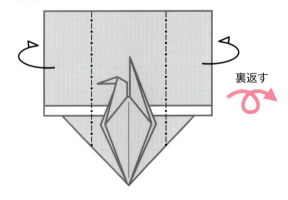

裏返す

11 ★を☆の中に差しこむ。

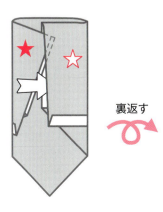

裏返す

できあがり

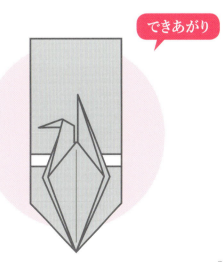

花のコースター

原案：中島 進

赤×緑で作ればポインセチアに。
メッシュ状の紙や薄手の布で作ってもきれいです。

- 材料　8.5cm×8.5cm……2枚、7.5cm×7.5cm……2枚

 写真⇒27ページ

＊四角折り（→33ページ）から始める。

1
上の1枚のみ、
まん中に少し
折りすじをつける。

2
1の折りすじに
つくように両側を折り、
折りすじをつける。

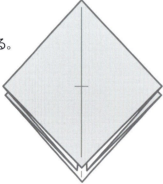
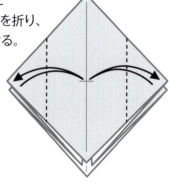

3
中割り折りをする。
裏も1〜3と
同様にする。

4
すべて開く。

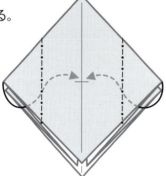
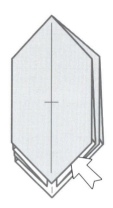

5
切りこみを入れ、
山折りした部分を
のりづけする。

6
折り線どおりに
たたむ。

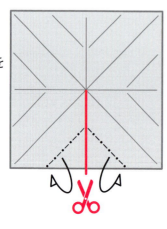
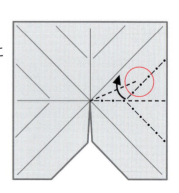

＊○の中の谷折りは端まで折りきらない。

7 残り2カ所も同様に折る。

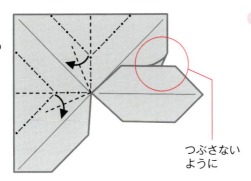

折ったところ

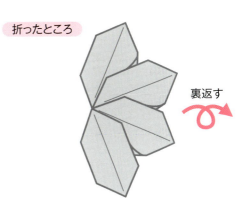

つぶさないように

裏返す

8 あいだを開いてつぶす。

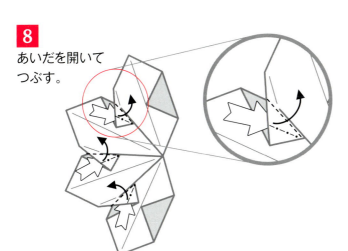

たたんだところ

裏返す

9 同じものをもう1つ作り、★が☆につくようにのりづけする。

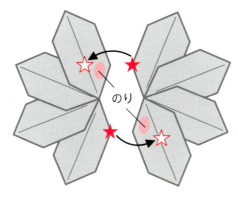

のり

10 小さい紙で同様に折ったものをのせて、中心をのりでとめる。

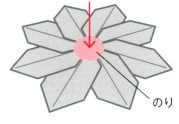

のり

できあがり

鶏の箸置き

紙の表と裏でコントラストのある色が映えます。
とさかとくちばしにしたいほうを中にして折り始めます。

- 材料　7.5cm×7.5cm……1枚

1 表を中にして三角に折り、半分のところで折りすじをつける。

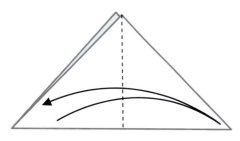

2 上の1枚のみ3分の1のところで段折りする。

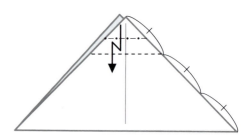

3 うしろの1枚は、段折りしたところに合わせて山折りし、全体を半分に折る。

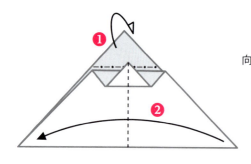

向きをかえる

4 半分より上のところで折り上げる。裏も同様にする。

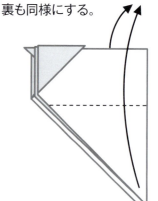

5 顔の部分を持ち、ななめに引き上げる。下の角は内側にななめに折りこむ。

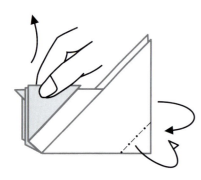

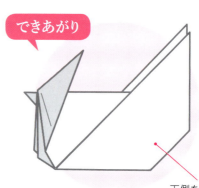

できあがり

下側を少し開くと立てられます。

風船

新聞紙など、大きな紙で作ってもおもしろいです。

● 材料　15cm×15cm……1枚

＊三角折り（→33ページ）から始める。

1 上の1枚のみ、まん中に合うように折り上げる。

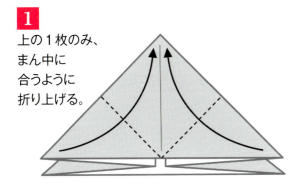

2 両端がまん中に合うように折る。

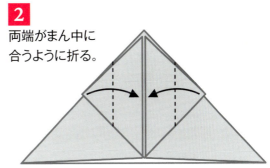

3 上の端を三角に折る。

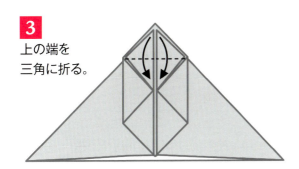

4 折った部分をポケットの中に差しこむ。

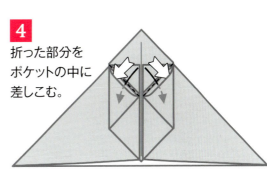

5 裏も1〜4と同様にする。

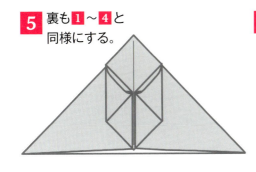

6 空気を入れてふくらませる。

できあがり

手裏剣・しゅりけん

写真⇒29ページ

紙の組み合わせを変えて、いろいろな手裏剣を作りましょう。

- 材料　15cm×15cm……1枚
  （両面折り紙を使う。色の違う折り紙を組み合わせてもよい）

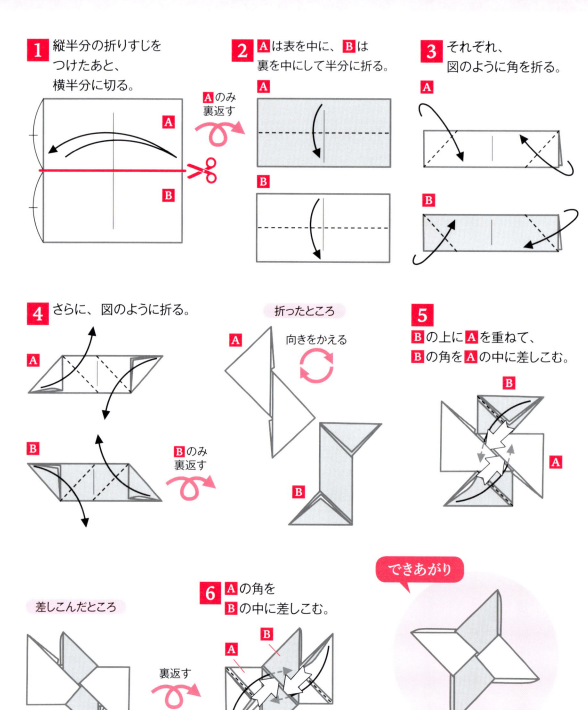

紙でっぽう

元に戻して何度でも鳴らせる……折り紙ならではのシンプルな遊びです。
紙を大きくすれば、音も大きくなります。

● 材料　21cm×29.5cm（A4の紙）

1 折りすじをつける。

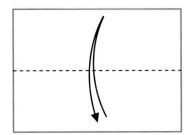

2 角を4カ所とも折る。

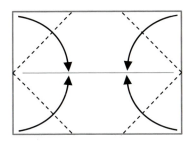

3 半分に折る。

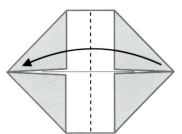

4 まん中の線に合うようにまとめて折りすじをつける。

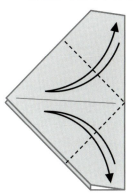

5 あいだを開いてつぶす。

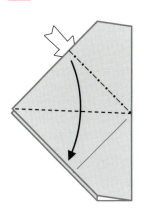

6 上の1枚のみ折る。

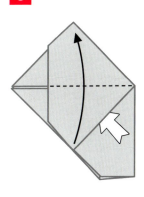

7 あいだを開いてつぶす。

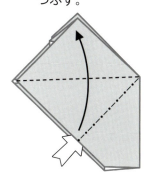

8 半分に折る。

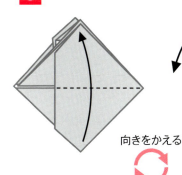

向きをかえる

できあがり

図のように持って振り下ろすと「パン」と音がします。折りすじどおりに戻すと、何度でも鳴らせます。

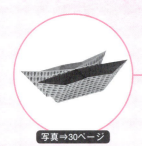

二艘舟→だまし舟→かざぐるま

1つの作品ができあがっても、そこで終わりではなく、
新たな作品へと変化していくのが折り紙のおもしろさです。

- 材料　15cm×15cm……1枚

写真⇒30ページ

1 半分の折りすじを
つけたあと、さらに
半分の折りすじをつける。

2 **1**と同様に、横にも
折りすじをつける。

3 ななめの
折りすじをつける。

裏返す

4 角が中心に合うように
折りすじをつける。

5 折りすじを使って、
★が☆に集まるようにたたむ。

途中図

裏返す

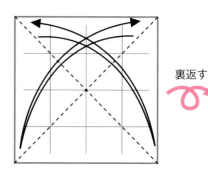
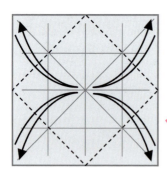
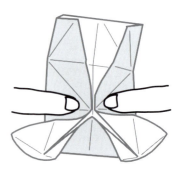

6 半分に折る。

二艘舟のできあがり

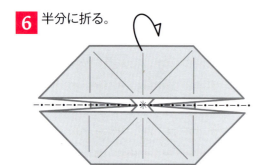
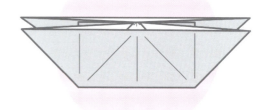

7 「二艘舟」を開き、6の状態に戻す。

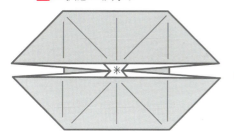

8 うしろ側を折らないように、全体をななめに折る。

裏返す

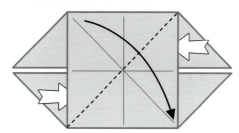

9 上の1枚を折る。

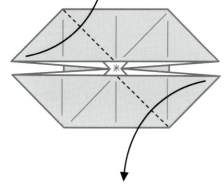

だまし舟のできあがり

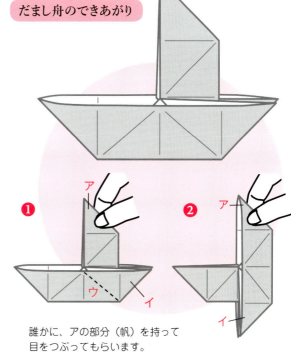

誰かに、アの部分（帆）を持って目をつぶってもらいます。
そのあいだにウの線でイの部分を前後とも折り下げます。
目を開けると、帆を持っていたはずが、
へ先に変わってしまいます！

10 6の状態に戻し、図のように折る。

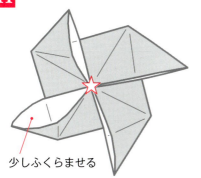

11 ☆の部分を軽くのりでとめる。

少しふくらませる

かざぐるまのできあがり

わりばしに押しピンなどでとめ、羽の部分を軽く開き、横から吹くと回ります。

著者紹介

小林一夫（お茶の水 おりがみ会館館長）
（こ ばやしかず お）

1941年、東京都生まれ。和紙の老舗「ゆしまの小林」の４代目として染紙技術やおりがみなどの展示、講演活動を通して和紙文化の普及と継承に力を注いでいる。お茶の水 おりがみ会館館長、NPO法人国際おりがみ協会理事長、全日本紙人形協会会長などを務めるとともに、世界各国にて和紙工芸作品巡回展を開催するなど、海外イベントも多数手がける。
主な著書に『折り紙で作る 花と動物大全集』（朝日新聞出版）、『飾って華やか 季節のブロック折り紙』（PHP研究所）、『折り紙は泣いている』（共著·愛育社）など多数。

STAFF

装幀●村田沙奈（株式会社ワード）
写真●株式会社 山岸スタジオ
作品制作・折図作成●湯浅信江
編集・デザイン●株式会社ワード

100年後も伝えたい 伝統折り紙

2019年 9 月 1 日　初版第1刷発行
2020年12月10日　初版第3刷発行

著　者　　小林一夫
発行者　　廣瀬和二
発行所　　株式会社日東書院本社

　　　　　〒160-0022　東京都新宿区新宿 2 丁目 15 番 14 号 辰巳ビル
　　　　　TEL　03-5360-7522（代表）　FAX 03-5360-8951（販売部）
　　　　　振替　00180-0-705733
　　　　　URL　http://www.TG-NET.co.jp

印刷／製本　図書印刷株式会社

本書の無断複写複製（コピー）は、著作権法上での例外を除き、著作者、出版社の権利侵害となります。
乱丁・落丁はお取り替えいたします。小社販売部までご連絡ください。

©Kazuo Kobayashi 2019 Printed in Japan
ISBN978-4-528-02234-8